時兆文化

基督教教育哲學與實踐

培育

世界
等待的人才

EDUCATING
for ETERNITY

MIND

BODY

SPIRIT

PRACTICE

啟發
期喚醒

喬治‧奈特 著

方錦榮 譯

U0086707

致謝

獻給

我心愛的孩子們——

布蘭達（Brenda）和羅德尼‧佩恩二世（Rodney Payne II）

我願與他們分享通往上帝永恆國度的旅程

關於教育的真諦

「教育若不涉及人類存在的最根本問題——即生命的意義、真理的本質，以及何謂善、美或公義等哲學所關注的問題，這樣的教育在本質上就不夠完整了！」——哈洛德・提圖斯（Harold Titus）

「我們對於教育所存的觀念過於狹窄，實有擴大範圍和提高目的之需要。真教育不僅在研究某種規定的課程，亦不僅在為目前生活從事準備，而是有關全人生活，包括其可能生存的全部時期；是靈、智、體，各方面能力和諧的發展，預備學者得在此世以服務為樂，且因更大的服務、在來世得更高的福樂。」——懷愛倫（（Ellen G. White），《教育論》，原文 13 頁）

「神聖的形象已因犯罪而被損毀，幾乎消滅了。人的體力轉弱，智力減低，屬靈的眼光也模糊了。從此他便成為必死的人了。雖然如此，人類卻並未到絕望的地步。由於無窮的仁愛與慈憐，便產生了救贖的計畫，賜予人一種試驗期的生活。救贖的工作就是要在人類身上恢復創造主的形象，使之回到創造時完全的地步，促進身、心、靈各方面的發展，以便實現創造他的神旨。這就是教育的目的，也是人生的大目標。」——懷愛倫（（Ellen G. White），《教育論》，原文 15、16 頁）

「認識你獨一的真神，並且認識你所差來的耶穌基督，這就是永生。」——耶穌（《聖經》〈約翰福音〉17 章 3 節）

目錄 CONTENTS

推薦序一：耶穌，你我最偉大的教師

「他所賜的有使徒，有先知，有傳福音的，有牧師和教師，為要成全聖徒，各盡其職，建立基督的身體，直等到我們眾人在真道上同歸於一，認識神的兒子，得以長大成人，滿有基督長成的身量，⋯⋯。」（以弗所書四章 11 ～ 13 節）上帝為要建立祂榮耀的教會，將榮耀的使命託付給教會，就賜給教會有使徒、先知、傳福音、牧師和教師這五種不同的恩賜與職務，為要引領每位蒙恩的得救之人，生命得以長大成熟，在各個場域發光發熱，成為翻轉現今世代的力量與見證人。《培育世界等待的人才》這本書著重在基督教的教育哲學與邏輯，是為蒙呼召成為教師之人預備的極佳導讀書籍。

耶穌是最偉大的教師，祂教導真理，實踐真理，因為祂就是道路、真理、生命。讓我們重視聖經真理的核心價值，研讀並儆醒遵行《聖經》的教誨。讓教師也學習耶穌的榜樣，成為好牧人，牧養群羊，為羊捨命，成為信徒，經歷神的媒介與生命導師；如同羊群前面的竿與杖，一路帶領及保護主的門徒，建構屬神的信念，向神榮耀的道路前進。教師也幫助信徒浸透在聖靈——真理的靈裡，得著過聖潔生活的能力，認識神賜予個人的命定與呼召，成為神貴重的器皿；更為教會培訓下一代基督教教育事奉的人才，讓教師的恩膏能一代一代地傳承下去，使基督信仰成為每一世代的主流。

　　求主的靈膏在本書的每位讀者身上，特別是教師、家長、牧者……等，賜給他們屬天的智慧、聰明、謀略、能力、知識和敬畏的靈，讓他們不但成為世界等待的人才，更是轉化這世代的神國人才！

靈糧全球使徒性網絡主席
周神助 牧師

推薦序二：讓我們一起反思教育真道 |

　　當今的教育是一個注重「成長」競爭，卻無視「長成」模樣的教育。很多人質疑：是否教育越創新，社會就越愈多創傷？是否教育越前衛，社會就越脫軌？「教育重生」應是當務之急。很多教育工作者感嘆，教育的真道已經偏離了！但他們好像又說不出「教育為何？」及「為何而教？」在這個地球村時代，教育的永恆性和真理不容漠視！

　　若生命成長的自然元素是「陽光、空氣、水、免疫」，那麼我們的教育內容嚴重缺乏的是什麼？如果生命長成的社會元素是「愛與被愛、紀律與管教、時間」，那麼我們過去的教育主張嚴重扭曲的是什麼？若「教育之道無他，唯愛與榜樣」仍是基本原則，那麼，回到「教育和牧養的原點及永恆性」才是當務之急不是嗎？「受教權」的高漲及「管教權」的限縮，導致社會「長成」現今這般樣貌，這該如何解決呢？

　　教育走到今天，我們究竟在為世界培養什麼樣的人才？世界一直在等待的人才，以目前的教育本質可能培養得出來嗎？新冠病毒造成的疫情和其後層出不窮的變種病毒清楚告訴我，全球防疫需要「全球計劃」，而非停留於「國家主權」或「國際合作」的思維和做法。難道我們現今的教育只為「國家競爭力」和「國際移動力」嗎？面對「全球治理」的需求，國度觀的「教育」豈可再被漠視？世界一直在等待的人才，是善於研發競爭的「國家

人才」？善於移動掠奪的「國際人才」？或是忠心治理和服事列國的「國度人才」？後疫情時代，能夠帶領我們超越「國家利益」和「國際政治」的教育觀、教育內容和教育目標是什麼？這難道不值得熱切討論嗎？

反思當今教育，世界一直在等待的教育和人才究竟為何？天國教育給予我們非常清晰和蒙福的教育內容和目標。以「市場經濟」趨動的「物質文明」、「向上移動」、「人工智慧」，讓我們經歷「人際疏離」、「耗能耗竭」、「世代對立」；人心不再學習「向下移動」的謙卑反思和服事他人，卻勇於挑戰「神工智慧」造成價值扭曲。休閒、運動、渡假已經無法使人恢復健康，身心症不斷快速增加；永續發展需要源於平靜安穩的安息生活。人類的困境是需要「市場經濟」還是必須以「安息經濟」的價值方能紓解？《培育世界等待的人才》這本書，讓我們更清楚明白真教育和牧養的真道、內容和路徑。

樹德科技大學通識教育學院
吳英明 教授

推薦序三：為永恆的價值作育英才 |

　　這一本書試圖回答的是現今許多基督徒家長心中的疑問：
「在優良的公立學校隨處可見之時，基督徒家庭為什麼需要付出
額外的花費把孩子送到基督教私校受教育呢？」

　　作者基於「對於實體、真理和價值若無獨到的哲學觀，一個
人或組織便無法為個人生涯或教育系統的養成做出明確的決定」
的前提下，深入淺出的從多數人既熟悉又陌生的哲學觀切入，探
討基督教教育的哲學信念。藉圖表揭示從哲學到教育實踐乃是基
於不同信念帶出的決定，來闡述哲學的形上學、知識論及價值觀
與教育實踐之間的密不可分，進而探討基督教信仰的觀點，並強
調教育工作者對此類問題需有明確的立場，才能在教育場域實施
適當的教學策略。

　　在第二章作者揭示基督教「形上學」的觀點乃奠基於上帝
的存在，這也賦予了人對生命意義領悟的基礎。「知識論」的觀
點指出創造主選擇在《聖經》中啟示祂自己，正是為了提供一個
框架，讓世人可以探索未能解釋的問題，並獲得連貫、一致性的
答案。大自然是另一個重要知識來源，自然界與《聖經》都出自
同一位創造主，人們在日常生活及科學研究中必然會與自然界相
遇，讚嘆上帝創造的奧妙。第三個知識論的來源是理性，人類依
創造主的形象而造，自然擁有從神而來的反思能力。然而人並不
完美，因此需要藉《聖經》來檢驗個人的理性思維。而全方位的

知識論檢驗，正是將所有真理與聖經教導進行比對。

正如亞瑟．霍爾姆斯所說：「教育就是在傳遞價值觀。」作者點出基督教價值論主要涉及倫理學（善的領域）和美學（美的領域）。神聖之「愛」的本質與世人標準迥然不同之處，在於捨而非受，基督教的「倫理」著重服務的價值，基於基督徒重生的經驗，使其專注於愛的行動。人是按上帝形象所造，在「美學」上也承載了上帝的審美觀。然而基督徒需要警覺，因罪導致人在實體、真理和價值觀上扭曲，故對真善美的揭示也不免呈現出錯誤面貌。

最後，我要說的是：這是一本基督教教育者及基督徒家長必讀的書，因為教育的價值與教育機構的哲學觀及教育者的觀點密不可分。這本書的原文書名《Educating for Eternity》明確點出基督教教育應「為永恆而教育」。正如作者的提醒：「當永恆的真實、目標和價值被置於首要位置時，廣泛的教育才具有巨大的價值。」如此培育出來的人才，才是真正有別於活在當今世界洪流中的人才，能活出但以理的生命，讓周遭的人驚嘆：「在他裡頭有神聖的靈！」

三育基督學院前院長
陳廣惠 教授

前言

「如果你無法確認目標在哪兒，就永遠到不了終點！」這顯而易見的事實奠定了本書的基礎。人生的目標和教育機構的目標都是至關重要的，否則何必耗費大量精力和金錢朝錯誤方向前進呢？

但是一個人如何決定該往何處去？這個問題的答案讓我們聯想到人們經常提及、有關人生意義和目標的基本課題——它們與終極真實（ultimate reality；編註：亦稱「實在」或「實體」，指獨立存在於人的思維之外的事物）的本質、尋找真理的方法以及基本的價值息息相關。這些都是哲學試圖回答的問題，而不同的解答則造就了不同教育哲學的起始點。

毋庸置疑，不同的教育哲學導向成就了不同的教育方法，特別是在學校制度期望達成的目標、教師應發揮的作用、課程的重點、最佳的教學策略以及學校的社會功能等面向。

《培育世界等待的人才：基督教教育哲學與實踐》（Educating

for Eternity) 一書，從《聖經》、基督教、基督復臨安息日會（在本書簡稱「復臨教會」）三方觀點出發，檢視最基本的哲學課題，並闡述了在此哲學底下的教育意義。出人意料的是，在復臨教會辦了近八千所學校之後，這是首度以出書的形式來闡述「復臨教育哲學」，它對於哲學課題的觀點是與一般基督教觀點大相逕庭的。

這本書的目的並不是要針對復臨教育哲學進行鉅細靡遺的探討，而是要闡明其大致的輪廓和內容。本書是為了教師、學校行政人員、校董會委員、家長、牧者而寫。它最初是為復臨教會全球總會的教育部專業成長課程而起草，並以「救贖的教育」為題在《復臨教育期刊》發表。

鑑於敘述必須簡明扼要，本書不會嘗試涵蓋教育哲學的所有重要主題。我已在我另一著作《哲學和教育：基督教觀點》（Philosophy and Education：An Introduction in Christian Perspective）之中探討相關議題；該書涵蓋了更深入、有關哲學和教育的基礎觀念，

並從基督教的視角出發，探索在教育領域中，傳統、現代、後現代哲學之間的關係；也指出不同哲學「學派」的主張如何鞏固過去一世紀所發展的各種教育理論。《哲學與教育》一書也分析了哲學與教育的關係，以及基督徒教師在公立學校的角色。

有鑑於此，雖然本書包含有關教育哲學這一主題的清楚論述，但若想瞭解更多，建議最好參閱《哲學與教育》一書。儘管這兩本書各自探討了其關注之焦點主題，但還是可以互為參考。

我的另一本著作《復臨運動的迷思：懷愛倫的詮釋、教育及相關議題》也可作為補充教材。這本書對於欲深入探索復臨教育哲學相關課題之人可產生極大助益。這本書與我另一本從歷史角度探討、於 1983 年出版，名為《早期復臨教育家》的論文集所涵蓋之議題相同。我期盼將來有一天，我能就復臨教育史的背景來撰寫一本關於復臨教育思想發展史的書籍。

同時，我也祈禱本書能成為一本對於復臨教育哲學極具深

刻見解的導讀。我要向貝弗莉‧朗布林（Beverly Rumble）表達謝意，她始終不懈地支持這項寫作計畫，也感謝我的妻子邦妮協助原稿的打字。還要感謝安德烈大學出版社（Andrews University Press）的羅奈得‧諾特（Ronald Knott）和黛博拉‧埃弗哈特（Deborah Everhart），使本書得以順利出版。

喬治‧奈特
寫於俄勒岡州，羅格河

這是個鼓舞人心、啟發心靈、
賦予靈性的提醒，
期喚醒人對教育真諦的追求。

EDUCATING for ETERNITY

第一部

哲學基礎

Philosophic Foundations

這是個鼓舞人心、啟發心靈、
賦予靈性的提醒，
期喚醒人對教育真諦的追求。

哲學課題
及其與教育的關係

為什麼要研究教育哲學？人生苦短，實用可學的事物不勝枚舉，為何要浪費寶貴時間去學那些難懂又無用的事呢？這一類的大哉問讓我想起了這世上名目繁多且廣為流傳的法則。

這個世界，如我們所知，充滿了各式各樣的法則──它們不僅存在於物質領域，也涉及人與人的社交層面。以下是我個人收藏多年、頗具啟發性的法則：

- 施密特（Schmidt）：「把玩一個東西太久，它遲早會出現裂痕。」

- 威勒（Weiler）：「對於不需要親自動手做事的人而言，凡事皆有可能。」

- 瓊斯（Jones）：「做錯事還能笑得出來，那肯定是已經想好了可以究責的對象。」

▪ 布勃（Boob）：「你總是能在最後尋找的地方，找到你遺失的東西。」

因為倍受上述智慧之語啟發，所以我決定自己也來構思一些晦澀又玄奧的至理名言。我的成果是：奈特（Knight）法則有兩項推論，若一語以蔽之，就是「除非對自己的方向了然於心，否則你永遠不可能到達目的地」。由此發展的推論是：一、一所無法實現其訂定目標的學校，最終將失去支持；二、因為受了傷，我們才開始思考。

這些淺顯的「智慧之言」，是我在年紀尚輕、還擔任教育哲學

教授一職時所創作的。當時我就已作出結論、迄今也依然深信，在教育工作者所具備的所有功能中，建構完整的教育哲學才是最有用、且最實際可行的領域。從某種程度上來說，這是不爭的事實。因為哲學最能回答人生的基本問題，比如何謂真實（以下統稱為「實體」）的本質、真理和價值。與哲學緊密相連的是世界觀，「簡言之，…（世界觀）是論到一個人對現實的理解和對生命的基本觀點。」[1]

為什麼要研究教育哲學？

人在哲學課題——即實體、真理和價值觀——所抱持的信念，會決定他們在個人及職業生涯中所做的一切。若是在這三方面沒有抱持特定的哲學立場，個人或群體就無法做出決定，更遑論建構課程，或評估機構及個人發展。反之，若由一種主觀意識所選擇的哲學主導，個人或群體就能夠確立所要達成的目標為何，並選擇相對應的方法去實現目標。

當然，一個人可以選擇在人生或教師的職業生涯中漫無目的地徘徊，或者也可以依靠他人做出選擇。對於前者，若仔細觀察，它也暗示了某種哲學理念——生命本就毫無意義，而且也沒有明確目標。至於後者肯定會使人按照某種縝密的教育哲學行動，但也有可能因一開始方向就有錯誤而將人引入歧途。

　　我認為在教育哲學的問題上有意識地進行深思熟慮，可以為教育工作者帶來最實用也最重要的收穫。懷愛倫（1827–1915）身為復臨教會的哲學思想領袖，亦有著同樣的觀點。她寫道：「由於對教育的真實本質和目標存在錯誤看法，很多人被引向嚴重甚至致命的錯誤（若依她作品的上下文背景，這是「永恆的致命錯誤」）。在思想監管及建立制度時忽略了智育，或在眼前暫時的利益面前忽視了永恆的利益時，這樣的錯誤就會出現。」[2]

　　她再一次寫道：「建立基督化學校的必要性強烈地催促著我，現今學校中教導的很多東西非但不是祝福，反而成了阻礙，學校所需要的乃是以上帝的真理為基礎的教育。撒但是上帝的大敵，他從未改變的目標就是要引誘靈魂脫離對天國的忠誠。他會使男女的思想被訓練並在錯誤和道德腐敗的方面發揮其影響力，而不是用他們的才幹為上帝服務。藉著扭曲他們的教育觀念，撒但的目標有效達成。他成功地將家長和教師都拉攏到自己的一方，因為錯誤的教育總會將思想引向不信之路。」[3]

在歷史中，這樣的思想使許多基督教派——包括復臨教會在內，投入大量資金和心力建設屬於自己的教會學校。復臨教會堅信每個教會的孩子（也包括教會本身）都身處善惡之爭的時代中，這一信仰觀使教育迫在眉睫。所以，復臨教會以前瞻的思維創建了一個教育系統；而它不僅僅是建立在一般基督教對實體、真理和價值的認知上，也反映了復臨教會對這些課題的獨到理解。

對這些觀念的理解奠定了復臨教育機構的成立與運作，且歸納出復臨教育哲學的架構。當然，僅僅掌握對基本觀點的理解是不夠的，其他方面還須包括發展出與此基礎觀點相符的實用原則，以及在日常教學中將這些原則加以應用。這兩個目標應被歸納在教育哲學的框架下。教育工作者的責任乃是在實行層面，他們應仔細思考自己的核心價值觀，以及這些價值觀如何影響日常生活和職業生涯，之後將這些原則付諸實踐。

在討論哲學的基礎課題之前，我有必要指出教育哲學（philosophy of education）比學校教育哲學（philosophy of schooling）之範圍要廣泛得多。學校只是眾多社會群體教育系統的一部分。家庭、媒體、同儕和教會同樣也擔負了教育下一代的責任，而家庭則擔任主導角色。

這一事實必須先釐清，儘管本書使用的大部分事例及其範疇多與學校有關，但將這些見解和家庭、甚至教會的教育工作者分享，

與學校教師分享同樣重要。最好、最完整的教育體驗當然是由家長、教師和教會領袖三方達成一致的共識，並提供一個學習園地，在此每位學生所接受的是經過統整的教育，而不是由秉持不同理念之教育家各自推崇、七拼八湊式的教育。有鑑於此，復臨教會付出極大心力和經費去建置目前已擁有八千多所學校的教育系統絕非偶然。

不同的教育系統衍生的目標亦是五花八門；而這些目標乃是建立在不同的教育哲學之上。以此思維為前提，我們將以基督教／復臨教會觀點檢視基本的哲學問題。最後，我們也將檢視在這些觀點之下的教育實務。

哲學要解決的是人類面臨的根本課題。哲學的觀點是，提出問題要比回答問題更重要，甚至可以說哲學就是對於問題的研究。范克里夫·莫里斯（Van Cleve Morris）曾經提到，最關鍵的乃是提出「正確」的問題。關於「正確」，他認為問題必須有意義且切題——是人們真的迫切尋求解答，並能為他們的生活和工作帶來改變的問題。[4]

哲學內容的三種基本類別：

1 形上學
研究關於實體本質的問題。

2 知識論
研究真理和知識的本質，以及該如何達成並評估。

3 價值論
研究關於價值的問題並評估。

　　對於實體、真理和價值若無獨到的哲學觀，一個人或組織便無法為個人生涯或教育系統的養成做出明智的決定。哲學中的這些問題是根本而必要的，沒有任何事能與其脫離關係。所以，不論我們是否意識到自己的哲學立場，我們所有人仍然是按這些對人生本質所提出的基本答案來主導個人生活和周遭的一切。沒有什麼決策可以脫離實體、真理和價值課題。簡單地說，哲學主導了決策的制定。單就這個原因來說，研究哲學基本問題的重要性就不言而喻。無論如何，在瞭解之後展開行動，總比對於塑造我們選擇的因素一無所知、在人生中不停地徘徊虛度要好！

　　在理解這些基本問題的重要性之後，我們將在本書接下來的篇幅中簡要闡述哲學的三個主要類別，之後再探討復臨信仰針對每一類別所提出的觀點。

形上學（Metaphysics）

「形上學」是哲學兩大基本類別之一；這個艱澀又高調的詞源自兩個希臘文單詞的組合，意思是「物理學之後」（beyond physics）。因此形上學屬於研究實體本質的哲學分支，「終極的實體是什麼？」是形上學研究的基本課題。

乍看之下，問題的答案似乎顯而易見。大多數人似乎對他們世界中的「實體」都是了然於心的。你一問他們，他們大概都會告訴你：睜開眼睛看看牆上的鐘，聽火車駛過的聲音，或彎下腰去觸摸腳下的地板。他們聲稱，這些事物都是絕對真實的。

　　然而，實體的本質果真如此嗎？他們的答案是建立在物理、而非形上學的基礎之上。與這有關的基本問題還有很多：例如，地板的材料、驅動火車的能量和時間的規律，它們最初的起源為何？你的回答或許是：這與設計有關，或這是偶然形成的，抑或這是個奧秘。但其實所有的答案都沒有區別，因為你一旦開始觸及更深層次的問題，你就超越了物理而進入了形上學（物理學之後）的領域。

　　我們可以藉由檢視關於實體本質的問題一窺形上學的領域。形上學學者所提出的疑問，經常存在於最普遍的問題之中。重要的是，世人需要先掌握這些問題的解答，才能對於個人更特定的問題找出令人滿意的答覆。然而，對這些問題作出完全的論證，這本身就超出了人類論證的範疇。但無法論證並不代表這些問題的討論就與我們毫不相關，或只是純粹的腦力激盪。因為人們的日常活動和長程目標始終都建構在一系列的形上學理念之上——無論他們是否意識到這一點。即使人們在解答更專門的問題時——如物理學家、生物學家或歷史學家，他們也都無法迴避形上學的問題。由此可知，地位如基石般的學問是科學哲學，而建構歷史理解基礎的則是歷史哲學；科學和歷史哲學為每一領域並其意義的理解和詮釋，提供了理論框架。

　　形上學的問題可區分為四個層面：第一個層面是宇宙論（cosmology）。宇宙論所研究的是宇宙作為一個有序的系統，其起源、

本質以及發展。宇宙論會涉及的問題有：「宇宙是如何開始並發展的？它是被設計出來的還是偶然形成的？它的存在是否具有某種目的？」

　　形上學的第二個層面是神學（theology）。神學是宗教理論的一部分，涉及對上帝本身的觀念或與上帝有關的概念。「上帝是否存在？如果有，祂是一位還是多位？上帝的屬性是什麼？如果上帝全能至善，為什麼會有罪惡的存在？如果上帝存在，祂與人類、與日常生活的「實體」（真實）世界的關係又是什麼？」

　　人們以各種不同的方式回答此類問題。無神論者（Atheists）宣稱神不存在；泛神論者（pantheists）則宣稱上帝等同於宇宙——上帝就是萬有，萬有就是上帝；自然神論者（Deists）將上帝視為自然規律和道德原則的制定者，但強調上帝存在於人類的日常專務和物質世界之外，並且對這些既不關注也不介入。與之相反的是有神論者（theists）相信世上有一位具有位格的創造主，祂深切並持續地關心著祂的創造物。多神論者在神的數量問題上不同意一神論的觀點，他們認為神應該是多位的，而一神論者則堅稱神只有一位。[5]

　　形上學的第三個層面是人類學（anthropology）。人類學研究的是人類本身，並且會提出下列疑問：「心靈（mind）與身體（body）的關係是什麼？心是否比身更為必要，所以身是由心來主導的，或者

剛好相反？人類的道德狀態是什麼？人生來是善？是惡？或根本沒有正邪之分？個人在何種範圍內是自由的？他們有自由意志嗎？或者他們的思想和行為都取決於環境、遺傳或神？人有靈魂嗎？如果有，那是什麼？人們對這些問題顯然有不同的立場，而這些立場反映在他們對於政治、社會、宗教和教育所持的理念與實踐之中。

　　形上學的第四個層面是本體論（或譯為存在論，ontology）。本體論或存在論研究的是存在的本質，或者是事物存在的意義。有些問題是屬於本體論的：「基本的實體是建立在物質或物理能量之上（我們能夠感受到的世界）？還是建立在精神或者屬靈能量之上？這一切是由單一要素組成的（例如物質或精神）？或是兩者兼具？抑或更多？實體本身是規律有序的，還是這種秩序取決於人的思想？這些都是固定不變的，還是其本來面目一直都在改變？實體對人而言，是友善或有敵意，還是中立的？」

　　即使是對歷史或現代社會進行粗淺的研究，也能看出形上學的宇宙論、神學、人類學、本體論這四個層面對於社會、政治、經濟以及科學在理念與實踐方面的影響。無論在何處，人們對上述問題都有自己的預設答案，他們將其化為信念，以此度過每一天的生活。任何人都無法脫離形上學的選擇，除非他選擇渾噩度日，即便如此，這也是一種形上學對人性本質與功能所做的選擇。

　　教育——就像其他人類活動一樣，不可能獨立於形上學的領域之外而運作。研究終極實體的形上學乃是任何教育觀念的核心，因為學校的教育規劃（家庭或教會亦然）是建立於事實和實體之上，而不是喜好、幻覺、錯誤或想像。對於形上學的不同理念造就了不同的教育理論，甚至因此產生不同的教育系統。

　　當免費的公立學校教育普及時，為什麼復臨信徒和其他的基督徒，每年還要花費數百萬去支持一個私立的基督教教育系統？就是因為形上學的理念關乎終極實體的本質：上帝的存在、上帝在人類生活中所扮演的角色，以及人類作為上帝兒女的本質與角色。在人的內心最深處，他們乃是被形上學的理念所驅使。歷史證明人們願意為這樣的信念付上生命的代價，並且也渴望創建一個能將這些理念教導其兒女的教育環境。

形上學中的人類學範疇，對於所有秉承不同理念的教育工作者而言極為重要。無論如何，他們面對的是一群處在自己人生中最易受影響、極具可塑性之階段的莘莘學子。對學生本質和潛能的觀點，就是塑造每個教育歷程的基礎，任何哲學之下的教育目的都與這些觀點密切相連。因此，人類學的考量與教育的目的息息相關。哲學家艾爾頓·楚布拉德（Elton Trueblood）說得在理，他宣稱「除非先弄清楚人的本質，否則我們對其他事物也無從理解」。[6]

將一名學生視為德斯蒙德·莫里斯（Desmond Morris）口中的「裸猿」[7]？（編註：源自動物學家莫里斯的暢銷鉅作《裸猿》The Naked Ape，書中視人類為未開化、只是毛已退化的猿猴）還是上帝的兒女？兩者視角是截然不同的。同樣，瞭解兒童究竟是天生邪惡還是本性善良？或者原本善良、卻因罪的破壞而扭曲，也是至關重要的。人類學的各種立場，會在教育過程中衍生截然不同的教育理論。其他關於形上學對教育所造成之影響的事例，在我們稍後的研究中將更深入探討。

知識論（Epistemology）

與形上學有密切關聯的是知識論（編註：亦稱認識論，由希臘字「episteme」知識與「logos」研究或學說，兩字組合而成）。知識論嘗試回答一些非常基本的問題；例如：「什麼是真的？」和「我們怎麼知道？」知識論研究的課題涉及知識的可靠性和獲得各種信息來源之

有效性。所以，知識論與形上學一樣，在教育歷程中都居核心地位。因整體教育系統和在這其中的教師們傳遞的正是知識，因此可說他們都參與並致力關於知識論的事業。

知識論尋求一些基本問題的答案。其中之一就是：「實體可以被認知嗎？」懷疑論（Skepticism）以其極端立場聲稱：「人不可能獲得可靠的知識，而且所有尋求真理的努力都是枉然。」這種思想被哥加斯（Gorgias，西元前 483–376）發揮得淋漓盡致，這位古希臘哲學家宣稱萬物皆不存在，即使存在，我們也無法知道。極致而徹底的懷疑論將所有理智行為都視為不可能。與懷疑論緊密的是不可知論（agnosticism），不可知論特別涉及到上帝存在與否的議題。

大多數的人宣稱實體是可以被認知的。然而，一旦他們採取了此種觀點，就必須確定實體的來源是如何被認知的，同時也須具備如何判定知識之有效性的觀念。

知識論的第二個基本問題是：所有的真理都是相對的嗎？還是有些真理是絕對的？所有的真理都會隨條件產生變化嗎？是否有些真理在今天是真的，到了明天就變成假的呢？如果這些問題的答案是肯定的，那麼真理就是相對的。可是，若絕對真理存在，那麼這個真理必定是永存、普遍且不受時空所影響的。如果宇宙中真的有絕對真理的存在，那麼教育工作者一定會渴望去發掘它，並將其作

為學校課程的核心。與真理的相對性和絕對性密切相關的問題，是知識究竟是主觀還是客觀的，或者說有一種真理是獨立於人類經驗之外的。

　　知識論最主要涉及的是人類知識的來源。若一個人相信有真理、甚至是一種關乎整個宇宙的真理，那麼人類是如何理解這些真理的呢？這一切又如何成為人類的知識呢？

　　大多數的人將這一問題的答案建基於經驗主義（empiricism，通過感官獲得知識）。經驗主義的知識是根植於人類經驗的本質上。所以，當人們在春天走出房門，看到美麗的景色，聽到鳥兒的歌聲，感受到溫暖的陽光並且聞到花朵的芬芳時，他們就知道春天來了！感官認知對於人類是直接且具有普遍性的，在許多方面構成了人類知識的基礎。

　　感官資料的存在是無法否認的；大多數人對其所呈現出的「實體」會毫無爭議地接受。然而，天真地接受這一理論的危險在於，人類的感官所獲取的資料往往是不完整、甚至不可靠的（例如，大多數人都見過這樣的矛盾，看到一根棍子的一部分沒入水中時，它是彎的，但當它被拿出來檢視時卻是直的）。勞累、沮喪和疾病都會扭曲並限制感官認知。另外，人類有限的感官也無法察覺無聲的聲波和肉眼無法看見的光波。

人類發明了科學儀器來擴展自己感官的範圍，但這些儀器的可靠性無從確認，因為沒有人全盤了解人類的心智在記錄、理解和誤判感官知覺時產生的全部影響。對這些儀器的信心是建立在形上學的思辨理論基礎之上，其有效性乃是透過哲學問題的驗證不斷強化而達成，這些驗證則是靠理論架構和假設來證實其推測。

總而言之，感官知識是建立在信任人類感官機能之可靠性之上。經驗主義知識的優勢在於很多感官經歷和實驗是可以反覆進行驗證且公開的。

第二種在人類歷史中具有影響力的知識來源是啟示（revelation）。在宗教領域，啟示具有絕對的重要性。但它有別於其他知識的來源，因為它假設有一種衝破了自然規律的超自然實體。基督徒相信，這種啟示是上帝透過交通而賜下祂神聖的旨意。

相信超自然啟示的人認為這種形式的知識具有獨特的優勢，因為其信息出自一位無所不知的源頭，而這是其他知識論方法所無法獲得的。這一源頭所揭示的真理被基督徒認為是絕對、且未受玷污的。然而，從另一方面，一般認為對啟示真理的曲解主要常發生在人類的詮釋。有些人強調，啟示知識的主要缺點就是它必須憑著信心去接受，且無法在經驗主義的範疇內被證明或推翻。

　　第三種人類知識的來源是權威（authority）。權威的知識之所以被認為是真理，乃是因為其源自專家，或歷經時間洗禮而被視為傳統。在課堂上，最常規的資訊來源就是某種權威，比如教科書、教師或參考資料。

　　將權威作為知識來源，其優勢與危機是並存的。若人們除了親自得到的第一手經驗之外，其他什麼都不接受，那麼文明會理所當然地陷於停滯。另一方面，若是權威知識建立在錯誤的假設基礎上，這樣的知識必然遭到扭曲。

　　第四種人類知識的來源是理性（reason）。將推論、思想或邏輯作為知識核心元素的觀點被稱為理性主義（rationalism）。理性主義者強調人類思想的力量和理智對知識的貢獻，認為光是憑藉感官不能提供普遍而有效的判斷，且這些判斷都必須是一致的。從這種觀點出發，人類的感官和經驗都是知識的原材料。但這些感官在成為知識之前，必須由理智將其組織為有意義的體系。

　　就較不極端的理性主義來說，它聲稱人類確實有能力去認知那些單憑感官無法獲取、有關宇宙的多重真理。在稍顯極端的形式中，理性主義則聲稱人類有能力觸及獨立於感官經驗之外、無可辯駁的知識。

形式邏輯（Formal logic）是理性主義者使用的工具。邏輯體系的優勢在於可以保持內在的一致性，但卻可能有脫離外部世界的風險。思想體系建立在邏輯基礎上之時，只有在與先前已存在的邏輯相符的前提下，才被視為有效。

第五種知識的來源是直覺（intuition），指著對知識的直接理解而言，並非源自有意識的推理或當下的感官知覺。在有關「直覺」的論述中，人們經常讀到諸如「當下確定的感覺」之類的表述。直覺發生在意識的邊陲地帶（又稱「閾值」），經常令人經驗到突然的靈機一動。直覺在各種情況下都被認為是宗教和世俗知識的來源。誠然，很多科學突破都是在實驗證明的基礎上由直覺啟發而來。

直覺的弱點或危險在於，當它被單獨使用時，並不是獲取知識的可靠方法。直覺特別容易出錯，進而引出一些荒謬的結論，除非直覺能受到其他認知方法的控制或檢驗。然而，直覺知識具有獨特的優勢，能夠使人類超越自身經驗的限制。

第六種獲取知識的途徑是由後現代理論學家（postmodern theorists）提出。出於對大量依賴經驗知識和理性的現代主義強烈反彈，這種觀點駁斥了客觀真理，或包羅萬象的宏大敘事以及世界觀。他們主張知識不是反映實體，而是一種透過對語言的主觀運用而形成的社會架構。

儘管這種主張知識是社會架構的論點有助於強調人類知識的主觀層面（即，人皆有偏見），但它主要的缺點是，過度運用此法將破壞所有具連貫性且負責的科學基礎，更不用說對美和善這類領域界定本就模糊的區域了。

截至目前，我們應該注意的是，沒有一種知識來源能夠為人們提供全面的知識：各種知識來源應被視為互補而非對立。但大多數人確實會選擇一種比其他來源更基本或更可取的來源。然後，將最基本的來源用作測試其他知識來源的基準。例如，從現代主義的世界觀視角來看，經檢驗所獲得的知識通常被認為是最基本、最可靠的類型。大多數人會否定與科學理論不一致的知識。相比之下，信靠《聖經》教導的基督教卻認為啟示乃是為檢視其他知識來源而提供基本框架。

　　知識論對於教育造成的影響可謂無時無刻。例如，關於各種知識來源重要性的假設肯定會反映在課程重點和教學法中。因為基督教教師相信啟示是有效知識的來源，所以毫無疑問，他們選擇的課程設計會將《聖經》角色涵括其中，這一點就有別於非信徒在課程上的選擇。實際上，他們在信仰哲學方面的世界觀將影響他們如何傳授每個主題。這一點對於抱持不同哲學信念的教師來說皆是如此，也因此建構了為何復臨青年應在復臨學校受教的重要論據。

形上學和知識論之間的兩難

　　細心的讀者現在可能已經意識到，世人可說是虛懸在形上學和知識論兩者之間。我們的問題是：我們若不先採用某種理論先得出真相，就不可能衍生出有關於實體的理論。另一方面，真理若無法對實體先產生一定的概念，就無法發展。如此，我們將陷入無限循環的窘境之中。

　　透過這些基礎問題的研究，世人被迫認清自身在宇宙中的渺小和無助。我們意識到，就所謂的「最終證據」而言，沒有什麼我們所認知的事物是可被公開、而且可被所有人確定的，甚至就連自然科學也無法保證。楚布拉德 (Trueblood) 也肯定這一點，他寫道：「如今，人們已經普遍承認，確鑿證據是人類沒有、也不能擁有的東西。這必然源於雙重事實，即演繹推理不能確定其前提，歸納推理不能

確定其結論。在自然科學中，我們既有確定性又有確鑿證據的這一觀念僅僅是我們這個時代自欺欺人的想法之一。」[8] 每個人——懷疑論者和不可知論者、科學家和商人、印度教徒和基督徒都憑藉自身所信的而活。接受特定的形上學和知識論立場，是每個人所作出的信仰選擇，它伴隨著對某一種生活方式作出委身。

實體與真理的兩難及其循環性，無疑是哲學思想一個令人苦惱的層面；但此情形既然存在，人類便有義務要求自己認清它的含義。當然，這一難題對成熟的科學家來說並不奇怪，他們已經掌握了自己學科領域的侷限性並建立該學科的哲學。這一難題也不會對某些宗教的信徒構成威脅，這些信徒在傳統上是從個人選擇、信仰和委身方面看待他們的基本信仰。然而，對一般人而言，這難題的確會帶來震撼，甚至構成困擾。

形上學與知識論之間兩難的結果，是所有人都按著自己選擇的基本信念而活。人類面臨的挑戰不是我們必須做出選擇，而是如何做出最圓滿的選擇，並且要將實體的完整範圍和人類所擁有的知識都納入其中。在第二章中，我們將探討基督教／復臨教會對於主要哲學問題的論點。但是，我們首先要探索第三大哲學課題——價值論。

價值論（Axiology）

價值論是哲學的分支，它試圖回答的問題為：「什麼是有價值的？」所有理性的個體和社會生活，無一不是建立在某種價值體系的基礎上，但不是所有的價值體系都得到普遍認可。而在形上學和知識論的問題上所持的立場相左，也會產生不同的價值體系，因為價值論體系亦是建立在對實體和真理的概念之上。

價值問題涉及一個人、或一個社會認為何者為「善」或怎樣才是「較佳」的概念。與形上學和知識論一樣，價值論是教育過程的基礎。教育的主要層面就是價值觀的發展。在此情境下，課室就是價值論的劇場，教師站在台前時是無法隱瞞自己的道德傾向的。透過教師的行為，他們不斷指導一群易受影響的年輕人，這些年輕人在很大程度上認可並模仿教師的價值體系，繼而深受教師影響。

價值論有兩個主要分支：倫理學（ethics）和美學（aesthetics）。倫理學是對道德價值和道德行為的研究。「我該如何行事為人？」是倫理學提出的問題。倫理學的理論力圖提供正確的價值觀，作為正確行動的基礎。在許多方面，道德是我們時代的關鍵問題。全球社會在科技上取得了空前的發展，但在倫理和道德觀上卻沒有任何顯著進步。

　　無論是個人還是社會，人們在生活中都必須做出有意義的倫理決定。因此，學校必須向學生教導倫理觀念。但問題在於，每個人擁護的倫理基礎不同，並且人們對於讓孩子接受與自身基本信仰不同的倫理觀灌輸一事，是持否定觀感的。這一事實使學校成為各種「文化戰爭」的中心且撼動整個社會。[9] 這樣的現象使復臨教會和其他基督教派都致力於創辦自己的學校。對於大多數父母而言，將特定的道德價值觀傳遞給孩子——這樣的願望乃是一股強大的動力。

　　倫理學探討的核心是：「倫理標準和道德價值觀是絕對的還是相對的？」，「普遍、共有的道德價值觀是存在的嗎？」，「道德與宗教可以分開嗎？」以及「是誰或什麼構成倫理權威的基礎？」諸如此類的問題。

　　價值論的第二個主要分支是美學。美學提出的思考是：「什麼是美？」和「我應該喜歡什麼？」諸如此類的問題。

　　美學是一種價值領域，它在高等藝術和日常生活中，探索並且主導著美與藝術的創造及鑑賞原則，例如學校建築、電視節目和廣告牌。因此，審美評估是日常生活的一部分，無可避免。

　　審美體驗與理性認知的世界是緊密相連的，但由於它的焦點在於感受和情緒，因此也超越了認知而進入了情感領域。審美經驗使

人們能夠超越純理性思維，和人類言語的匱乏所造成的侷限。一幅畫、一首歌或一則故事可能深入人心，然而這印象卻無法透過邏輯論點來傳達。

人類是審美的生物。因此，想在學校、家庭、媒體或教會中避免傳授美學，就如同要避免灌輸道德價值觀一樣，兩者都是不可能的。但是，美學領域的存在不是與外界隔絕。相反，審美觀與哲學的其他方面有直接的關聯性。例如，如果知識論和形上學包含主觀性和隨機性，那麼它們將反映在美學和倫理學中。人們的審美價值反映的正是他們整體的哲學觀。

哲學課題、教育目標與實踐

圖一（下頁）詮釋了哲學信念與教育實踐之間的關係；它表明特定的形上學和知識論觀點將引導教育者走向特定的價值取向。這種取向以及其對實體和真理的看法，將決定教師在課堂上欲實踐其哲學理念時，會特意選擇何種教育目標。

因此，教育工作者的目標是針對各個不同領域提出適當的決定：學生的需要、老師在課堂上的角色、課程強調的重點，最能傳達課程內容的教學方法以及學校的社會功能。只有在教育工作者就此類問題採取立場後，才能實施適當的政策。

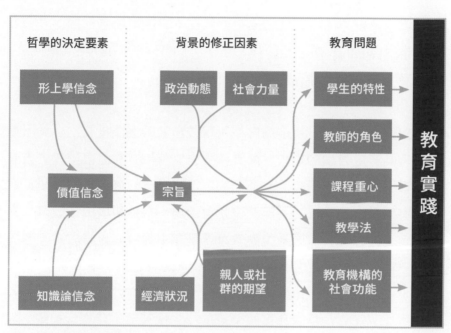

圖一：哲學與教育實踐的關係

如圖一所示，哲學並不是某特定教育在實踐之時的唯一決定因素。日常生活中的要素（例如政治因素、經濟條件、社會勢力以及學生家長或社群的期望）在教育實踐中也扮演著關鍵角色。但是，重要的是要認識到，哲學仍然為教育工作者在特定環境中界定了教育實行面的基本範疇。

只有當教師清楚自己的哲學信念，並在復臨教會的環境下，檢視且評估這一哲學在日常活動中的實踐方法時，他們才能有效地實

現個人以及校方的目標。因為正如我在本章開篇所宣稱的：「一、除非是對自己的方向了然於心，否則你永遠不可能到達目的地。二、因為受了傷，人才開始思考。」

以此作出的第一個推論對每所學校和老師至關重要：「一所無法實現其訂定目標的學校，最終將失去支持。」當復臨學校失去其獨特性，就連復臨學校的教師們都不理解自己的機構為何必須獨樹一格時，對復臨學校的不滿之聲就會出現。在這種情況下教師和學校肯定會失去支持，因為復臨教育若是在不理解其自身教育哲學的情境下實踐，必會產生不可理喻的矛盾，而且是浪費金錢。

因此，第二個推論和復臨學校的穩定性甚至生存息息相關，其中也包括復臨教育工作者在內。「因為受了傷，人才開始思考。」復臨教育已經在太多地方受到傷害。作為教育工作者，我們可以給復臨教會的教育體系和社會最大的禮物是：❶有意識地以《聖經》的基督教觀點檢視我們的教育哲學；❷仔細探討該哲學在平日課程活動中的應用；以及❸有效且不斷的實踐這一哲學。

問題
與思考

1 為什麼要研究教育哲學？它會造成什麼影響／差異？

_____

_____

_____

_____

_____

2 為什麼形上學對教育十分重要？

_____

_____

_____

_____

_____

_____

_____

_____

_____

3 知識論以及形上學哪一個更重要？為什麼？

_____

_____

_____

_____

_____

_____

4 在學校中最能突顯價值論領域的是什麼？當前哪些價值論
的課題是在教育論壇現場中最常被探討的？

_____

_____

_____

_____

_____

_____

_____

_____

註釋

1. David K. Naugle, Worldview: The History of a Concept（Grand Rapids, MI: Eerdmans, 2002）, 260.

2. Ellen G. White, Counsels to Parents, Teachers, and Students（Mountain View, CA: Pacific Press, 1943）, 49.

3. Ellen G. White, Fundamentals of Christian Education（Nashville: Southern Publishing Association, 1923）, 541.

4. Van Cleve Morris, Philosophy and the American School（Boston: Houghton Mifflin, 1961）, 19-20.

5. For a helpful treatment of the various "isms," see Norman L. Geisler and William D.Watkins, Worlds Apart: A Handbook on World Views, 2nd ed.（Grand Rapids, MI: Baker, 1989）; a broader treatment is found in James W. Sire, The Universe Next Door: A Basic Worldview Catalog, 5th ed.（Downers Grove, IL: InterVarsity, 2009）.

6. David Elton Trueblood, Philosophy of Religion（New York: Harper and Row, 1957）, xiv.

7. Desmond Morris, The Naked Ape（New York: Dell, 1967）.

8. David Elton Trueblood, A Place to Stand（New York: Harper and Row, 1969）, 22. For a fuller discussion on the limits of proof, see Trueblood's General Philosophy（New York: Harper and Row, 1963）, 92-111.

9. See James Davison Hunter, Culture Wars: The Struggle to Define America（New York: Basic Books, 1991）; Jonathan Zimmerman, Whose America？ Culture Wars in the Public Schools（Cambridge, MA: Harvard University Press, 2002）

這是個鼓舞人心、啟發心靈、
賦予靈性的提醒，
期喚醒人對教育真諦的追求。

EDUCATING
for ETERNITY

第 2 章　復臨教會哲學理論

在第一章中，我們簡明扼要地介紹了最重要的哲學課題並其與教育的關係。本章將從基督教暨復臨教會的觀點檢視且探討這些課題，以及它們在教育上的實踐。

基督教的形上學

每一個人面對的最基本、且無從迴避的問題，就是個人在面對複雜環境時，自身存在的真相和奧秘。著名的無神論存在主義哲學家——保羅・沙特（Jean-Paul Sartre）就指出：「基本的哲學問題就是存在先於本質——是先有事物存在，而不是什麼都沒有。」薛弗（Francis Schaeffer）反思了這一見解，並寫道：「值得一提的是，沒有任何哲學可以迴避事物確實存在這一事實，並且它們是以當下且複雜的形式存在。」[1]

「複雜」是上述句子中的關鍵詞。儘管存在有其複雜性，卻是可以被理解的。人類並不是活在一個混亂、反覆無常的宇宙中。相反，我們周圍的世界和整個宇宙顯然有它運行的規律，都是藉著可靠的預測去發現、傳達和運用。現代科學正是基於這種可預測性做出推論的。

關於我們所居住的世界的另一件事實是，它對人類和其他生命形式基本上是友善的。如果這世界在本質上是不友善的，它肯定會因惡劣的環境對相對微弱之生物不斷襲擊而導致其滅絕。但自然界似乎是為了提供食物、水、溫度、光線以及其他可讓生命永續的必需品而井然有序地運作。維持生命的條件其實非常嚴苛。就我們所知，這些生存條件即使發生微小變化，也將威脅生命的存在。因此，生命得以存活至今正好顯明了宇宙的友善。

但它真的友善嗎？顯然，我們不必是天賦異稟之人都能意識到這個世界有很多問題。我們每天都可看見一個彷彿是為著生活和幸福而建的美麗世界，但其中卻充滿了衝突、墮落和死亡。在次序井然的生活中，我們面臨著難以解決的痛苦和死亡問題。善與惡之間似乎存在著巨大的爭戰，這個爭戰在生活的各個層面都表露無遺。宇宙可能對生命友好，但無可否認，它也常常威脅到和平、秩序甚至生命本身。人類所棲息的這顆星球並不是中立的場域。相反的，它常是迸發衝突的競技場。

　　我們所遭遇的問題是與我們所生活的複雜世界相襯的；因此，人類普遍渴望能理解他們所居住的世界，這引導他們提出各式各樣的疑問，這些問題成就了哲學的核心。

　　有些人認為生存沒有根本的意義，但也有人對於這類認為智力出於無知、秩序來自混亂、人性自無人性而生以及存在源於虛無的思想並不苟同。正因有一個無限的宇宙存在，才更指向一位無限創造者的存在，有序、理智的宇宙規律指向最高的智慧，對生命友善的宇宙指向仁慈的主宰，而人類的個別人格則是反映其塑造最初必定是來自某一位格（Personality）。人們將這位無限的創造者、最高的智慧、仁慈的主宰和最初的位格稱之為「神」（god），與此同時，人們也意識到這個詞在未被定義之前是沒有意義的。

但是，如何定義「神」（god）就成為一個非常現實的問題，尤其當我們承認人類智力實在有限之時。我們不僅對周圍複雜的環境極度無知，也無法參透存在於整個宇宙中的無限時空和複雜性。顯然，如果我們難以掌握創造的複雜性，那麼在理解創造主方面，我們將面臨更大的挑戰，因為創造主必然是比受造物更複雜、偉大。

這樣的現實將我們帶到了形上學和知識論之間的缺口。由於人類無法理解所生活之世界的複雜性，因此創造主選擇在《聖經》中啟示祂自己、祂的世界和人類的困境。

《聖經》的第一句話是「起初上帝」（創1：1）。藉著這句話，我們找到了復臨教會對形上學看法的最終基礎。上帝的存在不是依靠其他受造物，反之，上帝是一切受造物的根源。如果上帝就是《聖經》和實體的核心，那麼祂也必須成為教育的中心。沒有上帝參與的教育是不完整的。如果捨棄了這最重要的環節不學，教育怎麼可能完整？

上帝不僅存在，祂還是一位行動的上帝。因此，《聖經》的第一節經文便論到：「上帝創造天地。」我們所知的物質世界並不是偶然隨機產生的。相反，它的精緻和複雜反映出它是經過設計的，其背後也有一位設計師。〈創世記〉告訴我們，上帝創造的世界起初沒有缺陷，而且在創造週即將結束時，祂稱其為「甚好」（創 1：31）。

關於「甚好」的聲明，有兩點值得注意：首先是上帝創造了一個完美的世界。其次，物質世界本來就是美好而有價值的，而不是像某些希臘哲學所聲稱，是現實世界中邪惡的一面。根據《聖經》的觀點，我們所居住的現實環境應該受到尊重和照顧，因為這是上帝美好的創造。

上帝在創造週所行的最後一件事，是設立一個紀念的日子，設立這日子的目的是使人們記住上帝是誰以及祂所做的一切。「天地萬物都造齊了。到第七日，上帝造物的工已經完畢，就在第七日歇了祂一切的工，安息了。上帝賜福給第七日，定為聖日，因為在這日，上帝歇了祂一切創造的工，就安息了。」（創 2：1-3）

「安息日」是《聖經》〈創世記〉中最早的教育素材之一；它是每週一日的實物課程，人類對它的遵守被載入「十條誡命」中的第四誡（出 20：8-11），它與整部人類歷史息息相關。在耶穌第二次降臨之前要傳達給世人的最後信息之一，就是「應當敬拜那創造天

地海和眾水泉源的」（啟14：7）。這是對十誡的明顯呼應，藉此對〈創世記〉第 2 章所記載的創造永誌不忘。

上帝的存在以及祂創造的事實乃是基督教形上學的核心。祂不僅創造了動物和花草樹木，還按照自己的形象創造了人類（創1：26、27）。在上帝所有的受造物中，只有人類是按照祂的形象被造的。因此，人類在其原始狀態下是無罪而純潔的。除此之外，人類作為受造物，他們對創造主也是負有責任的。上帝賜給他們「統治管理權」，超越一切活物和「全地」（第26節）。人類受造成為上帝的管家，是祂在地上的代理人。

基督徒對實體世界之理解的第四項重點，是罪惡乃由路錫甫所「發明」，他忘了自己是受造物的本質，並妄圖取代上帝的位置（賽14：12–14；結28：14–17）。隨著罪惡的侵入，我們找到了如今所身處的、充滿善惡之爭的世界源自何處。

抽象的說，罪的本身已是敗壞至極。然而《聖經》告訴我們，罪不僅發生在宇宙中，路錫甫還將其擴散至地球。〈創世記〉第 3 章敘述了罪惡如何侵入世界和人類，並導致了人類的敗壞，即神學家所稱的「墮落」。

罪惡的後果已經為人類帶來了毀滅。罪不僅造成了上帝與人

之間的隔絕（創 3：8–11），使人與人彼此失和（第 12 節）、人與自己無法和解（第 13 節）以及人與上帝所創造之世界的不睦（創 3：17：18），它也導致人類的死亡（第 19 節），並使人類失去了上帝所賦予的部分形象（創 5：3；9：6；雅 3：9）。

隨著路錫甫為這個世界帶來的罪惡和墮落，基督與撒但之間的衝突開始持續不斷上演（通常被稱為「善惡之爭」）。這場爭戰始於地球被造之前，將持續到千禧年之後——即撒但和其作為最終被毀滅之時（啟 20：11–15）。「善惡之爭」的敘述貫穿整本《聖經》：從〈創世記〉第 3 章直到〈啟示錄〉第 20 章。這場爭戰的重點在於撒但企圖毀損上帝的形象，並扭曲人類對祂愛的律法的認知（太 22：36–40；羅 13：8–10）。上帝的愛最大的體現不僅僅是差遣耶穌來拯救淪喪的人類，而是基督在十字架上的犧牲。〈啟示錄〉表明，在歷史結束之前，上帝之愛的律法將是善與惡兩種勢力鬥爭的一個基礎點（啟 12：17；14：12）。

〈創世記〉第 3 章的墮落是聖經世界觀的核心教義。沒有墮落，《聖經》的其他篇幅就毫無意義。從〈創世記〉第 3 章開始，《聖經》就點明了人類犯罪的後果，也描述了上帝的計畫及如何努力解決罪的問題。當我們觸及到關於學生需求之議題的探討時，我們就會清楚看見人類的墮落及其後果乃是基督教教育的基本議題。實際上，正是這些議題使基督教教育在教育哲學歷史中獨樹一幟。

　　基督教形上學的另一個面向是：沒有上帝的幫助，人類無法改變自己的本性、戰勝與生俱來的罪性或恢復上帝的形象。「失喪」（Lost）是《聖經》用來描述人類現況的形容詞。每天新聞中充斥的貪婪、變態和暴力，就是反映了這種失喪的結果。如果新聞的報導還不夠，也可以看看流行娛樂的專注點，其大多集中在不正當的性行為和暴力上。《聖經》描述就連上帝傑出的兒女都免不了遭遇同樣的問題。

　　當然，自從人類墮落以來，就不斷有人拼命逃避上帝及祂的原則。其中有些人為了改善人類的處境亦提出了許多解決方法，試圖過上完美的生活，然而卻徒勞無功。當人類的情慾、食慾、貪婪和自私自利的傾向勝過他們的良善時，他們就在敗壞的罪惡中重蹈覆轍。另一群人則設法透過自我控制和遵守法律行了許多善事，並受到了世人的尊敬，但最終他們卻以自己的公義自豪。歷代以來的法利賽人就隸屬在這一群人當中，他們自鳴得意地宣稱自己比其他人更好，卻沒有意識到對於自身實際情況的盲目（路 18：9-14）。無論世人多麼努力地成為義人，他們仍然處於失喪和困惑當中。

　　由於全人類的墮落，《聖經》描述上帝主動透過耶穌基督的道成肉身、生活、死亡、復活和中保的工作來拯救和恢復世人。《聖經》彰顯了上帝在救贖計畫中的主動性。我們首先在〈創世記〉3：9 中發現了這一主動性，它貫穿舊約，一直延續到新約。我們得知：

「上帝愛世人，甚至將祂的獨生子賜給他們，叫一切信祂的，不至滅亡，反得永生。」（約3：16）當耶穌宣告祂的使命乃是「為要尋找、拯救失喪的人時」（路19：10），祂是以一種不同的方式來傳達這個使命。

基督道成肉身的重點之一是揭示上帝的品格。〈希伯來書〉一開篇就說，「上帝既在古時，藉著眾先知多次多方的曉諭列祖，就在這末世藉著祂兒子曉諭我們；又早已立祂為承受萬有的，也曾藉著祂創造諸世界。祂是上帝榮耀所發的光輝，是上帝本體的真像。」（來1：1-3）耶穌是上帝品格完全的啟示。《聖經》宣告「上帝就是愛」（約壹4：8）；但是，其中一些在字面上缺乏愛的篇幅卻使我們對祂的真實本性產生疑惑。然而，耶穌在世的生活說明了上帝的愛，並概括了祂品格的其他特徵。所以，耶穌的品格和生活為跟隨祂的人提供了道德上的典範。

由於人類的失喪，上帝派遣聖靈執行祂的計畫，使墮落人類得以恢復祂的形象。這項計畫包括呼召世人成為信徒。《聖經》將拯救失喪者描述為一個神聖的行動，其中包含由聖靈而生（約3：3-6）、心思意念的變化（羅12：2）、重生並以基督的樣式展開新生活（羅6：1-14）。每項行動的結果均源自三一真神中、第三位聖靈的工作。

對於聖靈的工作做出積極回應的人將成為聖徒團體的一部分，

《聖經》稱其為「教會」或基督的肢體（弗 1：22-23）。但是我們絕
不能將這裡所定義的教會和所有地上的教會混為一談。地上的教會
及其成員可能跟從、或根本不隨從聖靈引導。但是上帝的教會只包
括那些真正順服上帝並由聖靈重生的信徒，這些信徒對上帝拯救失
喪者和恢復神聖理想的偉大計畫至關重要。

其中一些行動與社區關懷有關。上帝命令祂的子民餵養飢餓的
人，照顧病人，並以各種方式來保護這個世界，使地球成為一個更
美好的地方。但是祂也知道，到了世界末了，即使人類在改革上做
出最大的努力，也不足以清除罪惡所造成的混亂。因此，社區關懷
的確是上帝子民的一項重要服事，但從徹底消除問題的角度來看，
卻仍有其不足之處。

故此，基督承諾在這世界終結時復臨，並將罪惡及其造成的後
果一併解除。那時，祂不僅將餵飽飢餓的人，還將消除飢餓；不僅
安慰哀慟的人，還會根絕死亡。《聖經》將第二次降臨描述為歷代
以來的盼望（提 2：13；啟 21：1-4）。它勾勒了救贖的最後一幕，即地
球及其居民將恢復到起初伊甸園的狀態（彼後 3：10-13）。《聖經》
以重建地球作為結束，並邀請世人加入上帝和基督的救贖和恢復的
偉大計畫（啟示錄第 21、22 章）。

《聖經》對實體（真實）的概述：

- 永生上帝是存在的，祂是創造主。

- 上帝創造了一個完美的世界和宇宙。

- 上帝以祂的形象造人，並讓他們成為地球的管家。

- 路錫甫令罪惡出現，他忘了自己是受造物，妄圖取代上帝。

- 路錫甫將罪惡蔓延至地球，導致人類墮落並喪失一部分上帝的
  形象。

- 基督與撒但之間、關於上帝品格和愛的律法的善惡之爭，橫跨
  整部世界歷史。

- 人類在沒有上帝幫助的情況下無能力改變自己的本性、克服其
  固有的罪惡或恢復失去的上帝形象。

- 上帝主動拯救人類，藉著基督的道成肉身、生活、死亡、復活
  和作中保來恢復人類的原始狀態。

- 基督的生活和教導啟示上帝的品格，為基督教道德奠定基礎。

- 聖靈的工作是在墮落人類的身上恢復上帝的形象，以及呼召信
  徒從事教會的服事。

- 基督吩咐教會在祂第一次和第二次降臨之間積極參與社區服務。

- 基督在末日復臨時將終結罪惡並解決人類所無法解決的問題。

- 最終，地球及其忠心的居民將恢復至起初伊甸園的狀態。

形上學與復臨教育

前一頁的討論基本概括了《聖經》對實體的觀點。因為基督教是一個超自然的宗教,故此,它完全反對所有形式的自然主義,反對所有未將上帝置於人類教育經驗中心的各類思想,以及聲稱人類可以憑藉自己的智慧和良善達成自我救贖的人文主義。復臨教育應該成為真基督教的教育,而不僅僅是名義上的;它必須有意識地建立在《聖經》的形上學立場上。

基督教的形上學觀點為復臨教育奠定了基礎。基督教教育制度的建立根植於上帝的存在;正因為有了祂,才使人們對生活各個層面的意義有所領悟。其他教育制度自有其立論基礎,但不能替代基督化教育。基督教對實體的認知和信念促使信徒為建立基督化學校而奉獻自己的時間和金錢;復臨教育也是如此,它不僅闡述了自己與其他基督教共同的教義,也闡明了使復臨教會與眾不同的基督教

運動——與世界分享《聖經》中的末日信息。復臨教會若只是教導和分享與其他基督教教派相似的信念，就沒有存在的意義。

聖經形上學決定了學校應教導的內容，並確立了每門課程的背景脈絡。因此，《聖經》的實體觀為課程的選擇和重點提供了需具備的條件。由於基督教具有獨特的形上學觀點，因此以《聖經》為基礎的課程也具有獨特的重點。復臨教會的教育必須從聖經世界觀的角度為所有學科賦予意義，而每一門課程都必須展現出與造物主的存在和目的之關聯性。

因此，復臨教育的每個層面都是由《聖經》的實體觀來決定的。基督教形上學的預設不僅證明並確立復臨教育的存在、制定的課程以及社會角色，它還闡明了學習者的本性、需求和潛能，提出最好的師生關係類型，並為教學法的選擇提供了準則。這些議題將在本書第三至七章中進一步詳盡說明。

復臨教會的知識論觀點

知識論如先前所述，是探討人類如何獲知。因此，它與人類生存最基本的問題有關。如果我們的知識論不正確，那麼我們在一切其他哲學上的理解都會出錯，或容易曲解。我們在之前也看見，各派哲學都會對知識來源發展出一套體系並視其為該體系之基礎。

對於基督徒來說，上帝對《聖經》的啟示是最重要的知識來源以及最重要的知識論權威。所有其他知識來源都必須根據《聖經》來進行測試和驗證。《聖經》權威性的基礎有以下幾項推論：

- 人類存在於一個超自然的宇宙，在這宇宙中，無限的造物主上帝已向有限的世人以他們能理解的方式啟示了祂自己。
- 人類是按照上帝的形象創造的，即使墮落也有理性思考的能力。
- 儘管人類有其侷限性，而人類語言也有不足之處，但他們仍然能與其他智慧生靈（人與上帝）進行交流。
- 這位願意向世人啟示自己的上帝，也十分關心和維護這個代代相傳之啟示的本質。
- 人類能夠依靠聖靈的引導對《聖經》做出正確的解釋，從而得出全備的真理。

《聖經》是真理權威的來源，若不是藉著啟示，真理是不可能獲得的。這種知識來源涉及重要議題，例如生與死的含義，世界來自何處，其未來將如何，犯罪問題為何產生及如何加以解決等等。《聖經》的目的是「指導」人們「透過對基督的信仰得救」。除此之外，它「對於教導、督責、使人歸正和教導人學義都是有益的。」（提後 3：15、16）顯然，《聖經》沒有窮究世上一切的知識，也從未打算成為神聖的百科全書，它仍然留下了許多懸而未決的問題。但另一方面，因為它回答了有限人類的最基本的問題，也提供了一個

視角和形上學的框架，世人便可以在其中探索那些未解的問題並獲得連貫、一致的答案。

《聖經》並沒有試圖證明其主張的正當性，故此需要藉著信心以及本著內在和外在的證據來接受。例如在考古學上已發現、或已實現的預言，以及帶給人心滿足的生活方式。在強化這個概念上，懷愛倫在其著作——《喜樂的泉源》一書論到：「上帝絕不要他們相信無憑無據的事。祂的存在，祂的品格，祂言語的真實性，都是有合理的憑證可以確信的，而且這種證據極多；然而上帝並未完全消除疑惑的可能性。我們的信心，是根據憑證的，不是根據形式的。歡喜疑惑的人，總有疑惑的機會，但誠心要明白真理的人，必可得著許多可信的憑據來建立他信心的基礎。」[2]

復臨教會相信《聖經》所教導的、關於先知的恩賜將在教會中存在，直到基督第二次再來（弗 4：8，11–13）。基督徒不是要拒絕那些相信自己擁有預言恩賜的人，而是要藉著《聖經》的真理來檢驗他們的教導（太 7：15–20；帖前 5：19–21；約一 4：1–2）。

以此標準來測試，復臨教會很早就得出結論，懷愛倫為復臨信徒提供了有效的啟示性預言，這將有助於他們在基督復臨之前忠於聖經原則。這個恩賜不是代替《聖經》或提供新的教義，而是幫助上帝的子民理解和運用《聖經》所啟示的上帝之道。懷愛倫說：「所

寫的『證言』不是要賜下新的亮光，乃要將那已經啟示的真理在你們心中造成更深刻的印象。在上帝的聖言中關於人對上帝及對人的責任已有清楚的說明；然而你們中間卻只有很少的人順從了所賜下的亮光。此外並沒有加添什麼真理；但上帝已藉著證言將祂所賜的偉大真理加以簡化，以祂自己所選擇的方法將這些真理彰顯在人前，要喚醒他們，使他們感覺它的重要性，使人人都無可推諉。」[3] 值得注意的是，懷愛倫以聖經世界觀的背景對教育提出了許多看法。因此，我們將引用她的見解，因為這些觀點使復臨教育哲學的論述更完整。對於基督徒來說，另一個重要的知識來源乃是大自然，人們在日常生活中以及透過科學研究與自然界交通。我們周圍的世界是創造主上帝的啟示（詩 19：1-4；羅 1：20）。神學家將《聖經》視為「特殊啟示」（special revelation），而將自然界視為「一般啟示」（general revelation）。

對於特殊啟示與一般啟示之間的關係，懷愛倫寫道：「自然與《聖經》兩大著作既出於同一之主的手筆，則其所顯示的自不得不互相符合。它們用不同的方法，不同的言語來證明同一偉大的真理。科學的發明，日新月異；但從它研究所得的一切，若真正地為人瞭解，就沒有一樣是與神聖的啟示相衝突的。大自然與《聖經》是彼此互相解釋的。它們將上帝藉以工作的若干規律教導我們，使我們得以認識祂。」[4]

　　然而，即使是簡單的觀察，一般人也能很快發現，要詮釋這本「自然之書」有其難度。因為人們透過自然看到的不只是愛和生命，也能看到仇恨和死亡。正如易犯錯的人類所觀察到的，自然界給出了關於終極實體的混亂和看似矛盾的信息。使徒保羅指出，整個創造都受到了墮落的影響（羅 8：22）。善惡之爭的結果使一般啟示不足以成為有關上帝和實體知識的來源，必須根據《聖經》的啟示來解釋科學的發現和日常生活的經驗，《聖經》的啟示為知識論的解釋提供了框架。[5]

　　對自然的研究確實豐富了人類對自然環境的理解，它也對於一些《聖經》沒有涵括的問題提供了解答。但是，人類科學的研究價值絕不能被過度高估。正如弗蘭克・蓋柏林（Frank Gaebelein）指出，科學家並未產生科學真理，他們只是揭露或發現已經存在的東西。藉著耐心的科學研究所獲得的直覺，使人們對真理有更進一步的理解，這不僅僅是運氣，它們是上帝透過自然界向人類揭示真理的一部分。[6]

　　基督徒的第三個知識論來源是理性。以上帝的形象受造的人類自然是擁有理性的。他們可以抽象思考、反思並從因果關係推理。但墮落造成的結果是，人類的推理能力雖有所削弱，但並未受到摧毀。上帝對有罪之人的呼求，乃是希望他們能夠與祂「彼此辯論」，討論關於人類的處境及其解決方案（賽 1：18）。

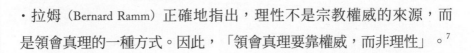

　　理性主義在基督教知識論中的作用
必須有明確的定義。基督教信仰不是理
性主義的產物。人類無法透過自己發展
的思想體系獲得基督教真理，進而正確
的認識上帝、人性以及罪惡和救贖的
本質。相反，基督教是一種啟示的
宗教。憑自己的理性可能會
被蒙蔽，並且悖離真理。
然而，基督徒雖然不是完
全的理性主義者，卻是理性的。伯納德
‧拉姆（Bernard Ramm）正確地指出，理性不是宗教權威的來源，而
是領會真理的一種方式。因此，「領會真理要靠權威，而非理性」。[7]

　　在理解各樣事物時，知識論的理性層面很重要，但不是唯一。
它幫助我們理解透過特殊和一般啟示所獲得的真理，並使我們能夠
將知識擴展到未知領域。在基督教的知識論中，透過理性所得出的
知識必須始終參照《聖經》的真理。而相同的原則也必須應用於透
過直覺和權威研究所獲得的知識。全方位的檢驗知識論，是將所有
的真理與《聖經》的教導進行比對。

最後，我們需要就基督教的知識論提出以下看法：

- 從《聖經》的角度來看，所有的真理都是上帝的真理，因為真理的源頭是創造主和創始者。[8]

- 就像自然界中存在張力一樣，知識論領域也出現善惡之爭。邪惡勢力不斷破壞《聖經》，歪曲人類的推理，並說服墮落的人類依靠自己的有限來尋求真理。知識論領域的衝突至關重要，因為在這一領域中的誤導將使人類的努力偏離正軌。

- 宇宙中有絕對真理，但是墮落的人類對其只能掌握一部分，無法完全理解絕對真理。

- 《聖經》不太涉及抽象真理。《聖經》的真理是關乎生活的。從最完整的聖經意義上來說，「認知」意味著將學習到的知識應用在自己的日常生活中。

- 基督徒獲得的各種知識來源是互補的。因此，儘管基督徒可以、也應該運用所有來源，但每個來源都應該根據《聖經》教導來檢視。

- 不能把對於基督教知識論的接納與基督教形上學分開，反之亦然。

　　基督教的真理觀以及基督教的形上學，是復臨教會教育賴以生存的基礎。對於啟示的相信和領受，乃是權威的基本來源，使《聖經》成為基督化教育的核心，並以此提供了一個知識框架，可以評

估所有學科教材。這種見解以特定的方式影響課程。在後面關於課程的討論中，我們將看到《聖經》的啟示既為基督化學校教授的所有科目提供了基礎，也為其提供了背景。基督教知識論因涉及人們了解事物的方式，因此也影響了教學方法的選擇和應用。

基督教的價值論

基督教的價值觀直接建立在《聖經》對形上學和知識論的觀點上。基督教倫理學和基督教美學都建立在《聖經》的創造教義上。道德和審美價值之所以存在，是因為創造主特意創造了一個具備這些特點的世界。因此，基督教價值論的原理源於《聖經》；而《聖經》的根本意義就是對上帝品格和價值的彰顯。

基督教價值論中的一個關鍵思考是——就當今世界秩序的常態而言，基督教形上學提出了一種與其他世界觀截然不同的立場。儘管大多數非基督徒都認為現今人類所處的狀態是正常的，但《聖經》教導說，人們已經偏離了與上帝、他人、自己以及和周圍世界的正常關係。從《聖經》的角度來看，罪及其後果改變了人類的本質，影響了他們的理想和價值形塑的過程。由於當今世界的反常，人們經常珍視錯誤的事物。除此之外，因為倚靠錯誤準則，他們很可能以惡為「善」，以善為「惡」。

耶穌基督本身的價值論是激進的。祂的激進源於以下事實：祂相信人類真正的家園是天堂，而不是地球。但祂不是教導說現今的生活沒有價值。相反，祂聲稱有些事物更有價值，它們應該成為人類活動的基本原則。當一個人實踐耶穌基督的教導時，他的生活價值觀，將與那些處在異常罪惡的世界、卻感到賓至如歸的人有極大區別。因此，在上帝的理想中保持正常，反而將使基督徒在當今的社會標準看來顯得反常。

倫理學

基督教的價值觀必須建立在基督教原則之上。因此，即使某些領域有所重疊，它們也絕不僅是非基督教價值觀的延伸。如前所述，價值論的兩個主要分支是倫理學（善的領域）和美學（美的領域）。基督教道德的絕對準則是上帝，沒有任何規範或法律足以超越上帝。正如《聖經》所揭示的，律法是建基於上帝的品格，即以愛和公義為核心（出 34：6–7；約一 4：8；啟 16：7；19：2）。《聖經》的歷史為上帝的愛和公義提供了範例。

愛的概念若不加以定義，它的意義便無法顯現。基督徒從《聖經》中尋找其定義，因為在這本書中，慈愛的上帝以一種人所能理解的具體方式啟示了自己。對於愛的意義，《聖經》最充分的闡釋出現在耶穌的行動和態度上，即〈哥林多前書〉第 13 章對愛的闡述

以及「十誡」所揭示的含義中。即使是簡單研究，也能曝露出一般人口中的愛與《聖經》神聖之愛的概念，在本質上存在著明顯巨大的差異。約翰·鮑威爾（John Powell）點出了神聖之愛的本質——重於付出而不是收受。愛可以為他人、甚至是敵人帶來最大的利益。[9] 同樣，卡爾·亨利（Carl Henry）適切地指出：「基督教倫理就是服務的倫理。」[10] 因此，基督教倫理和基督教的愛，與一般世人所認知的愛，兩者是有極大差異的。

這個概念透過上帝所啟示的律法，將我們引向祂的道德及其表現形式。大多數的基督徒認為上帝的基本律法是「十誡」，但這不是耶穌的立場。當被問到什麼是最大的律法時，耶穌回答說：「你要盡心、盡性、盡意愛主你的上帝。這是誡命中的第一，且是最大的。其次也相仿，就是要愛人如己。這兩條誡命是律法和先知一切道理的總綱。」（太 22：37–40）因此，「十誡」是上帝愛的律法的一種延伸和具體說明。前四條誡命解釋了一個人對上帝的愛，而後六條誡命則說明了一個人對他人的愛（羅 13：8–10）。從某種意義上說，十誡可以被視為愛的律法的消極表列（一再強調不可……），其解釋方式為人們提供了一些可以應用於日常生活的明確指導原則。

消極的倫理基礎造成的難題之一，是人們總想知道什麼時候可以停止愛人，以及其界限在哪裡。彼得問及饒恕的問題就是一個很好的例子。像大多數人一樣，彼得對何時可以停止愛鄰舍比對繼續

愛鄰舍更感興趣。但基督所說的、「到七十個七次」的回答表明，愛是無限的（太 18：21–35）。我們永遠不可停止愛心，或者對此鬆懈去表現「真正的自己」。這就是基督在這兩條最大的誡命所給予的信息。

因此，基督教倫理觀主要是積極的而不是消極的。就是說，基督教倫理專注的是愛的行動，其次才是我們應當避免的行為。基督徒的成長不是源於我們不做什麼，而是我們在日常生活中積極去行的事。這種積極的道德是基於重生的經驗（約 3：3–6）。基督徒不僅要拋棄舊的生活方式，當他們與基督同行時，他們也會因重生而過一種新的生活模式（羅 6：1–11）。

在結束我們對基督教道德的討論之前，還有幾點需要說明：首先，《聖經》的倫理道德是針對內心而非外在的行為表現。例如，耶穌說對人懷有恨意或淫念，都與行為本身一樣是不道德的（太 5：21–28）。祂還教導說「所有外在行為都源於心思」（太 15：18、19）。

其次，基督教道德乃是奠基於與上帝和他人的關係。它涉及發自真心的去愛上帝和愛人，而不是僅靠法律或機械式的關係來滿足。當然，我們與他人的關係應有法律規範，但除此之外，也必須是個人的。

第三，《聖經》的道德基於這一事實——每個人都是按照上帝的形象創造的，可以從因果推理並做出道德判斷。人們可以選擇行善或作惡。因此，基督教倫理包含道德的進取心。就道德而言，未經思考的道德是矛盾的說法。

第四，基督教的道德不僅關注人們的基本需求，也希望他們能止於至善。

第五，與許多人的觀點相反，基督教道德不是妨礙美好生活的事物。「實際上，道德準則是人體這部機器的運轉指南。每一條準則皆可以防止這部機器在運轉中可能的故障、過勞或產生摩擦。」[11]

第六，基督教倫理的功能包含拯救和恢復。由於墮落，人類與上帝、他人、自己和周圍環境疏遠。道德的作用是使人們能夠以有助於恢復這些關係的方式生活，並使人們回到最初受造時的完全。

美學

價值論的第二個主要分支是美學。學生對美和醜之健全概念的養成，是所有教育系統的重要功能之一。

什麼是基督化美學？為了得出一個定義，我們需要探討幾項重

點。首先人類從本質上是具有審美觀的：他們不僅欣賞美，而且似乎還十分熱衷於創作美的事物。這是因為他們本身乃是按上帝的形象而造。上帝不僅創造有功能性的事物，也創造美麗的事物。祂可以逕自創造一個沒有綺麗色彩、沒有芬芳花朵或各種令人驚嘆之鳥類和動物的世界。自然界的美透露了這位創造主的屬性。但人的創造和上帝的創造之間有一個很大的區別——上帝的創造是無中生有（來 11：3），而有限的人類只能就已經存在的事物加以形塑及改造。

要注意的第二點是，儘管創造本身是好的，但人類所創作的每一件事物，不一定都是好的、美麗的或富有啟發性的。之所以如此，是因為即使人類按照上帝的形象所造，卻因為犯罪導致對實體、真理和價值有了扭曲的看法。因此，藝術不僅揭示了真、善、美，也可能呈現出反常、錯誤和變態的事物面貌。由於宇宙的善惡之爭已經侵襲了人類生活的各個層面，因此它也影響了美學領域，特別對藝術領域具有強大作用，這是因為藝術受到情感層面的影響，而且又深入人類存在之本質。

基督教美學領域的一個主要問題是：各種藝術形式的題材是否只能針對真善美的事物？還是應該兼顧醜陋與怪誕？以《聖經》為例，我們看見《聖經》在涉及善與美之事物的同時，它也沒有美化醜陋和邪惡。罪、邪惡和醜陋被視為一種觀點，被用來指出人類對救世主以及期望更美好生活的迫切需求。總體來說，《聖經》在看

待善與惡之間的關係時，是十分實際的；因此，基督徒若是與真善美的上帝建立了關係，就必從信仰角度學會憎恨邪惡。

保羅說，看待藝術形式中的美與醜對於基督教美學至關重要，因為我們會反照我們所注視的（林後 3：18）。美學與道德息息相關。我們所讀、所聽、所看、所觸摸的內容都會影響我們的日常生活。因此，美學是基督徒生活和宗教教育體系的核心。結論是，在理想的情況下，基督教的藝術家（在某種意義上是指我們所有人）是負責任的上帝僕人，出於內心充滿了基督之愛，因而「創作出更有意義、更悅耳、好看的音樂、形式、故事、裝飾以及環境，期使生活變得更美好、更有價值」。[12]

或許，從基督徒的角度來看，最美麗的乃是那些有助於恢復個人和造物主、他人、自己以及生活環境之正確關係的事物。顧名思義，造成阻礙恢復的便是邪惡和醜陋。基督教美學的最終目標乃是創造出美好、高尚的品格。

價值論與復臨教育

亞瑟・霍爾姆斯（Arthur Holmes）寫道：「教育就是在傳遞價值觀。」[13] 這個真理使價值論與形上學和知識論一起，共同成為復臨教會選擇設立和維護獨特學校體系的根本。

在這個已嚴重失衡、不健全、也不再以《聖經》為導向的世界中，基督徒對諸如道德和美學等價值論問題的看法是復臨教育的重要貢獻。大衛・納格（David Naugle）提到，文化張力在區分不同價值體系時，對於所謂的「世界觀衝突」（worldview warfare）是至關重要的。[14] 詹姆斯・亨特（James D. Hunter）和喬納森・齊默曼（Jonathan Zimmerman）兩位作者在《文化大戰：為美國下定義的難處》以及《美國是誰的？公立學校的文化大戰》等標題十分醒目的書中也探討了這些價值論課題並其極具衝擊力的含義。

價值觀教育是復臨學校存在的重要原因。復臨教育工作者尋求向學生傳達以《聖經》為基礎的價值觀念時，必須博學多聞、積極主動。

復臨教會哲學和教育

復臨學校的存在絕非偶然。初期教會已經意識到，由於他們所持的哲學與社會的其他階層有很大的差異，因此教會有責任透過教育系統的養成，將這樣的哲學傳授給年輕一代。這乃是建立在哲學原理上有意識的選擇；其結果孕育出復臨教育體系目前在全球的8,000多所學校、學院和大學。

教會學校唯有在忠於其建立的哲學基礎下，其制度及所投注的費用才有正當理由。依照肖恩・安德森（Shane Anderson）的看法，「消滅復臨教育」的最好方法是忽略其哲學基礎。[15] 有鑑於此，復臨教育哲學的研究對教育工作者、學校董事會、牧者和家長都至關重要。

到目前為止，我們探討了復臨教育應呈現的聖經哲學立場。在第三至七章中，我們將討論哲學如何促成學生的需求、老師的角色、課程架構的形成、教學策略的選擇，以及復臨學校在教會和世界中的社會功能。

問題
與思考

1 如果要定義所謂基督教形上學的「絕對核心」，你會選擇
哪五項重點，以怎樣的順序排列？請說明。

_____

_____

_____

_____

_____

_____

_____

_____

2 知識論對一所基督化學校有何意義？

_____

_____

_____

_____

_____

_____

_____

❸ 用兩、三句話說出基督教倫理最基本的原則。

_____

_____

_____

_____

_____

_____

❹ 美學對復臨學校的意義為何？

_____

_____

_____

_____

_____

_____

_____

_____

註釋

1. Francis A. Schaeffer, He Is There and He Is Not Silent（Wheaton, IL: Tyndale House, 1972）, 1.

2. Ellen G. White, Steps to Christ（Mountain View, CA: Pacific Press, 1956）, 105.

3. Ellen G. White, Testimonies for the Church, vol. 5（Mountain View, CA: Pacific Press, 1948）, 665.

4. Ellen G. White, Education（Mountain View, CA: Pacific Press, 1952）, 128.

5. See ibid, 134.

6. Frank E. Gaebelein, "Toward a Philosophy of Christian Education," in An Introduction to Evangelical Christian Education, ed. J. Edward Hakes（Chicago: Moody, 1964）, 44.

7. Bernard Ramm, The Pattern of Religious Authority（Grand Rapids, MI: Eerdmans, 1959）, 44.

8. See Arthur F. Holmes, All Truth Is God's Truth（Grand Rapids, MI: Eerdmans, 1977）, 8-15.

9. John Powell, The Secret of Staying in Love（Niles, IL: Argus Communica-tions, 1974）, 44, 48.

10. Carl F. H. Henry, Christian Personal Ethics（Grand Rapids, MI: Eerdmans, 1957）, 219.

11. C. S. Lewis, Mere Christianity（New York: Macmilan, 1960）, 69.

12. H. R. Rookmaaker, Modern Art and the Death of a Culture, 2nd ed.（Downers Grove, IL: InterVarsity, 1973）, 243.

13. Arthur F. Holmes, Shaping Character: Moral Education in the Christian College（Grand Rapids, MI: Eerdmans, 1991）, vii.

14. Naugle, Worldview, xvii.

15. Shane Anderson, How to Kill Adventist Education（and How to Give It a Fighting Chance!）（Hagerstown, MD: Review and Herald, 2009）.

這是個鼓舞人心、啟發心靈、
賦予靈性的提醒，
期喚醒人對教育真諦的追求。

EDUCATING
for ETERNITY

第二部

復臨教育哲學
的涵義 |

Implications of Philosophy for
Adventist Educational

這是個鼓舞人心、啟發心靈、
賦予靈性的提醒，
期喚醒人對教育真諦的追求。

學生的本質
和復臨教育的目的

第 3 章

在復臨學校中將《聖經》、基督教或復臨哲學付諸實行的需要，應該是顯而易見的。但是總體來說，從學校本身或經營學校的教育工作者的實踐中，這種綜合性往往並不顯著。一次，在路德會的教會學院協會會議上，一位主講人特別指出，該宗派在美國的大學「並非根據路德會的獨特教育甚至基督教哲學來運作，只是模仿世俗的辦學模式，然後在其中添加了教堂禮拜和宗教課程，營造一點『屬靈氛圍』。」[1]

不幸的是，這也是許多復臨學校的景況。復臨學校經常無意以與眾不同的復臨教育哲學辦校。結果，許多教會學校提供的教育缺少了復臨教育理念，因此未能達到它們最初設立的目的。

哲學家戈登・克拉克（Gordon Clark）曾經指出，在基督教教育名義底下的，是一套「裏著基督教糖衣的異教教育」。他繼而補充說，

「能夠真正產生功效的，是藥劑本身，而非藥劑之外的膠囊包裝。」[2]
復臨教育也遭受同一問題帶來的困擾。復臨教會的教育工作者及其
服務的機構，需要對他們所實施的教育進行徹底且持續的檢測、評
估和修正，以確保它們符合教會的基本哲學信念。這本書將幫助你
為接下來必須不斷進行的評估和定位建立基礎。[3]

　　雖然各章討論重點側重在學校中的復臨教育，但由於父母和神
職人員也是教育工作者，因此許多內容都適用於家庭和教會。家庭、
教會、學校都是為同一群孩子服務，而這些孩子在不同的教育場所
中有著相同的性質和需求。再者，家庭和教會具有類似於學校的
課程設置、教學風格和社會功能。父母、神職人員和專業的教育工

作者非常需要對他們在教育職能方面相互倚賴的性質有更深入的了解，並開發有效的方式來交流、加強彼此的工作。學校中的復臨教師與「家庭和教會」中的復臨教師之間的密切合作非常重要，因為「復臨教育絕不僅是復臨學校教育」。家庭、教會和學校都擔負著教育這世上無價之生命——上帝兒女的責任。在理想情況下，這三方的教育都應基於相同的原則。話雖如此，我需要指出的是，在接下來有關教育的討論中，我是特意將其與學校教育聯繫在一起，而非涉及更廣泛的領域。然而，同樣的原則在不同的教育環境中也很重要。

懷愛倫教育理念的核心

在尋找復臨教育目標的定義時，懷愛倫的《教育論》開篇是個很好的起始點。書中最具啟發性、最重要的段落之一在該書中的第 2 頁（原文）；她寫道：「我們必須考慮到❶人的本性和❷上帝造人的原旨，才能瞭解教育工作所包含的意義。我們也當考慮到❸人的情況因罪惡知識所起的變化，以及❹上帝為要成全教育人類的光榮原旨而設的計畫。」[4]

在接下來的篇幅中，她便詳細闡述上述的四項重點，以此充實了她教育理念的核心。首先，在反思人的本質時，她強調亞當是在靈、智、體三方面按照上帝的形象被造的。其次，她強調了上帝創

造人類的目的是讓他們不斷成長，使他們能够「更充分地」反映「創造主的榮耀」。為此，上帝賦予了人類幾乎無限發展的能力。

「但是」，在第三項要點上，她在討論罪惡的來源時指出，「由於不服從，就喪失了。因為犯罪，神聖的形象被破壞了，幾乎被消滅了。人的體力轉弱了，智力變少了，靈性變暗了。」

雖然前述的三項要點是懷愛倫教育理念的基礎，但更重要的是第四、也是最後一點，對她來說，這充分表達了教育的主要目的。她指出：「人類卻並未到絕望的地步。由於無窮的仁愛與慈憐，便產生了救贖的計畫，賜予人一種試驗期的生活。救贖的工作就是要在人類身上恢復創造主的形象，使之回到被創造時完全的地步，促進身、心、靈，各方面的發展，以便實現創造他的神旨。這就是教育的目的，也就是人生的偉大目標。」[5]

懷愛倫在她的著作《教育論》第四章中再次回溯這一主題：她將每個人的人生描繪為一場微觀的善惡之爭，每個人都有從善的願望，卻也同時具有「惡的傾向」。基於她之前所說、上帝的形象並沒有在墮落的人類中完全消失的見解，她認為每個人都獲得「神聖之光亮。各人心中不但具有智力，也具有靈力；亦即一種正義之感，一種向善之念。但也有一種反抗的勢力，與這些秉性敵對。」作為伊甸園墮落的產物，每個人的本性中都有一種惡的力量，「是一股不假外援而自己無法抵禦的勢力。唯有一種能力可以助其抵禦這股惡勢力，達到其內心所欽佩的理想。這能力就是基督。人的最大需要便是與這能力合作。在一切教育的努力上，豈不應以這種合作為最高的目的嗎？」[6]

接下來她進一步闡述這一點：「依最深的意義而言，教育工作與救贖工作是合一的，因為在教育與救贖上，都有『那已經立好的根基，就是耶穌基督，此外沒有人能立別的根基（林前 3：11）。』就是要幫助學生明瞭這些原理，並得與基督來往，使這些原理成為一種人生的控制力。那接受這目標的教師，才是真正與基督合作的人，是上帝的同工者。」[7]

儘管懷愛倫沒有接受過哲學方面的正式訓練，但當她將人類罪惡的問題置於教育的中心時，她就觸及了教育哲學的關鍵點。保羅・納什（Paul Nash）的觀點說明了這一見解。在他與另外兩位作者合

著的《人的類型：西方教育傳統探索》（Models of Man: Explorations in the Western Educational Tradition）和《受教育的人：教育思想史研究》（The Educated Man:Studies in the History of Educational Thought）[8] 兩本著作中，皆闡釋了哲學人類學的核心觀點，以及在所有教育哲學中的人性本質；舉例說明此觀點的篇章有：〈史金納：有計畫的人〉、〈杜威：反思的人〉、〈馬克思：社區的人〉和〈盧梭：自然的人〉。雖然教育的焦點應該是學生的需要，但據我所知，還沒有人發表過一種綜合且系統性的、可以反映不同觀點下人類本質與需要的教育哲學理論。

若要將懷愛倫的理念納入保羅·納什的框架並不難。保羅·納什以她為題的篇章或可命名為「懷愛倫：被救贖的人」；因為罪以及如何治癒、拯救和恢復的議題主導著她的教育方式。

當然，在《聖經》的整個框架中也有同樣的重點，整部《聖經》始於人類按上帝的形象被造、具有無限潛能，之後隨著墮落和罪惡的進入，上帝藉著偉大的救贖計畫，透過許多方法將人類從困境中拯救出來並恢復他們所失去的產業。這個順序正代表了《聖經》的計畫：《聖經》的頭兩章（創 1、2）和結尾的兩章（啟 21、22）描述了一個完美的世界。〈創世記〉第 3 章提到罪的出現，而〈啟示錄〉從倒數第 3 章開始（啟 20 章）強調罪最終的毀滅。在這兩者中，從〈創世記〉第 4 章到〈啟示錄〉第 19 章，《聖經》完整闡述了上帝為了

墮落的人類所實施的拯救和恢復計畫。

　　儘管這些觀點都是基督教的基本教義，但令人驚訝的是，基督教的教育哲學家們經常忽略這些重要的教義。實際上，在浩瀚書海中，我從未讀到有哪一本書能像懷愛倫的《教育論》如此重視這些教義。埃倫・哈特・賈斯曼（Allan Hart Jahsmann）所著《什麼是路德會的教育？》或許是其中異數、也是最接近的，其中的一篇文章提到了與懷愛倫相同的基本觀點，並以這樣一句格言作為結束：「路德會教育首要關切的，必須是引領人承認罪，並對耶穌有一種個人的信仰，相信祂是上帝的羔羊。」[9]不幸的是，在福音派教育理論中，賈斯曼對墮落和恢復上帝形象的見解並未得到廣泛的看重。但如上所述，這些概念是懷愛倫對教育理解的核心，並且也隱含在《聖經》中。幾年前我正是因為這些教導而寫下了〈學生的本質、環境與需要為基督教教育哲學提供了核心要點，並將教育者導向基督教教育的目標〉一文。[10]

　　在結束懷愛倫對教育哲學理解之全貌的討論前，我們需要研究另一個議題。《教育論》的第一段為她的教育方法提供了另一個基本支柱。「我們對於教育所存的觀念，過於狹窄，實有擴大範圍和提高目的之需要。真教育不僅在研究某種規定的課程，亦不僅在為目前生活從事準備，而是有關全人生活，包括其可能生存的全部時期；是靈、智、體各方面能力和諧的發展，預備學者得在此世以服

務為樂，且因更大的服務、在來世得更高的福樂。」[11]

此段敘述中的關鍵詞是「全人」，她在兩個面向上使用了這個關鍵詞。首先，復臨教育必須強調「全人」或整個生命時期。因此，它不僅著重在幫助學生學習如何以現代世界的標準謀生或培養文化。這些目標雖有價值、也很重要，但還遠遠不夠。永恆以及為永恆準備的領域也必須包含在教會所支持的復臨教育範疇。另一方面，一些虔誠但方向錯誤的人可能會傾向於將天國作為教育的重點，因而忽視目前的領域以及為參與社會所做的準備。懷愛倫宣稱，這兩種極端都不正確。相反，復臨教育必須包括為今生和來生的世界預備，並且要保持兩者之間適當的關聯性。

全人的第二個面向是培養全人的必要性。復臨教育應著眼於人類的各個層面，而不是僅僅關注靈、智、體、群或職業。簡言之，復臨教育的目標，是在今生以及來世落實全人的發展。從這個意義上來說，復臨教育原來設立的目標超越了一般世俗教育以及許多不同類型的基督教教育，甚至很不幸地，也包含目前所謂的復臨教育。

《教育論》開篇中的另一個關鍵詞是「服務」。「預備學者得在此世以服務為樂，且在來世得因更大的服務而獲得更高的福樂」。在此需要指出的是，以服務為中心的本質不僅在該書的第一頁出現，也在最後一頁出現，其中指出：「在我們這遭受罪惡限制的地

上生活中，最大的喜樂和最高的教育乃在服務。到了將來，不受有罪之人性的限制束縛時，我們所能有的最大的喜樂和最高的教育，也仍在於服務。」[12]

對於《聖經》的讀者來說，對服務的強調是不足為奇的。耶穌不只一次告訴門徒，基督徒品格的本質就是對他人的愛和服務。當然，這些特徵不是人類的自然本性。比起他人，一般人更關心自己的需求以及受人服務。基督教的另類觀點和價值觀並非是自然而然產生的。相反，《聖經》認為這是思想和心靈的轉變（羅 12：2）。保羅呼籲我們以基督的心為心，指出即使耶穌是上帝，祂還是取了奴僕的形象（腓 2：5–7）。

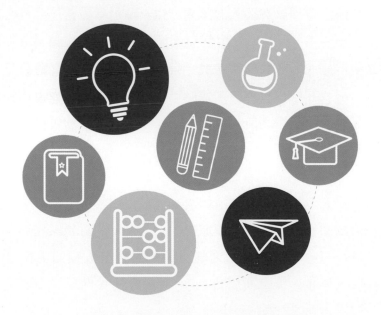

在懷愛倫對教育的關鍵論述中，有三個重點需要強調：
- 真教育的本質是救贖。
- 教育的目標必須是著眼於全人的預備，並擴及個人的一生。
- 服務的喜樂是教育過程的核心。

這些概念不僅是教育的中心，也是生活本身的中心。因此，它們必須反映在所有復臨教育真正的理論和實踐方法上。

有關人性的其他見解

吉姆・威爾霍伊特（Jim Wilhoit）指出，「《聖經》有關人性的觀點與世俗教育理論有很大的差異，這一點是基督徒接受世俗教育理論的主要阻礙。」[13] 出於這個原因，我需要再次強調一項真理：我們必須根據人類的需要和狀況、有意識地不斷發展復臨教育方法的要素。當我們檢視教師的工作時，我們將回到復臨教育的目標。但是，在討論該議題之前，我們需要仔細探討人性的幾個層面，這對復臨教育至關重要。

首先是教育學家和學生發現自己處在困惑的狀態。一方面是對人性的負面看法。在這個領域中，十七世紀的哲學家托馬斯・霍布斯（Thomas Hobbes）提出深刻的見解，他看出人類的生命是「孤獨、貧窮、卑鄙、野蠻而短暫」[14]。接著還有廿世紀的心理學家史

金納（B. F. Skinner）和十八世紀的神學家喬納森・愛德華茲（Jonathan Edwards）。前者聲稱人們既沒有自由也沒有尊嚴，[15] 而後者則在他最著名的講道中說憤怒的上帝將人類描繪為令人討厭、懸浮在地獄深處的昆蟲。[16] 另外，我們不妨也思考一下生物學家戴斯蒙德・莫里斯（Desmond Morris）的觀點，他寫道：「世界上有 193 類猴子和猿猴。其中有 192 類有毛覆蓋。」他的觀點是，人類是其中的例外，因為他們在本質上是「裸猿」。[17]

但真是如此嗎？啟蒙運動學者對人性有相反的看法，他們發展出人性無限完美和人性本質既善良又尊貴的學說。現代心理學家如卡爾・羅傑斯（Carl Rogers）也肯定這個觀點，並提倡學習理論應建立在這樣的假設之上，即確保孩子在學習環境中足夠「自由」，就能使他們在善的天性得以發揮。[18]

那麼，作為教育工作者，我們應該相信誰的主張呢？我們學生的本質和天性是什麼？是動物本能還是有些神性？是善還是惡？簡短的答案是：「以上皆是」。

越過我們對達爾文主義的感性訴求，我們很難否認人類的確是一種動物。從動物身體結構的相似性到消化和呼吸過程，我們與動物有極高的相似度。此外，在活動上人與動物也有許多相似之處。例如，人和狗都喜歡乘車，吃美味的食物並喜歡被摸頭。顯然，我

們和犬科動物（以及其他動物）也有很多相似之處。

然而，需要強調的並不是人「是不是動物」，而是人「不僅僅是動物」。這是什麼意思呢？猶太哲學家亞伯拉罕・赫舍爾（Abraham Heschel）指出：「我們可以相當清楚地理解人的動物性。當我們試圖弄清人類的人性及其意義時，困惑就產生了。」[19]

社會理論家舒馬赫（E.F. Schumacher）寫道，人類與礦物領域有很多共同之處，因為人和礦物都是物質。人類與植物世界的共同之處又遠勝於物質領域，因為植物和人類除了擁有礦物質基礎外，也擁有生命；人類與動物世界之間還有更多共同點，因為人類和動物都具有意識、生命和礦物質基礎。但是，舒馬赫觀察到，只有人類才具有反思的自我意識。他聲稱，動物當然也會思考，但是人類的獨特性在於人們對自己思維的自我意識。舒馬赫指出，透過礦物質、植物和動物的層次研究人類，我們可以學到很多東西。「實際上，有關它們的一切都可以被了解，除了使它們成為人類之外。」[20] 對於這基本見解，我們在前面已經提到過，我們需要回到《聖經》，〈創世記〉將基本的人性描述為是按照上帝的形象被造的（創 1：26–27）。儘管那個形象在墮落之後「幾乎消失了」（創 3）。[21]

作為基督教的教育工作者，我們需要面對的問題是如何應對人性的複雜。我們需要認清一件事：沒有人能發揮出作為上帝形象持

有者的全部潛力。實際上，許多人停留在次人類的層面——因死亡而停在礦物質層面，因癱瘓和大腦受損停在植物層面，或是為了滿足食慾和情慾停留在動物層面。

當然，很少有人選擇生活在礦物質或植物層面，但是有許多人選擇了動物層面。俗語說「人各有其價」絕非玩笑話。它是基於經驗和觀察。想一下，如果我願意給你 5 美元來進行一次絕不會公開的性交易或不誠實的行為，你可能會拒絕。但是，如果我給你 5 百美元，你可能會開始考慮。在漲到 5 萬美元時，可能就有很多人開始接受了。當價格升至 5 百萬美元，然後又升至 5 千萬美元時，可能就連最堅持的人也會開始動搖。

行為心理學家發現，可以透過獎懲來控制動物的行為。換句話說，動物沒有選擇的自由。牠們的需求和環境控制著牠們。透過獎勵和懲罰，人們可以訓練動物按照命令執行牠們能夠做的任何事情——包括餓死。

　　使心理學家、教育家、哲學家和神學家意見分歧的問題是：「人類可以經過訓練做到他們有能力做的一切嗎？」對於那些生活在動物層面的人，答案是肯定的。像動物一樣，為食慾和情慾而活動的人可以透過獎懲來控制。

　　不幸的是，多數人的人生大部分時間都活在動物層面。這一事實證明了行為主義有關人類並不自由的主張及其合理性，即如果控制的一方有足夠時間，對被控制的一方也有足夠的認識，並對其環境有充分的了解，則可以將人的行為塑造成任何期望的模式。

　　但是教育工作者要謹記的一項關鍵是：他們的學生，可以超越動物層面而活！他們之所以能做到這一點，是因為他們與上帝有著獨特的聯繫，以及祂所賜予的自我意識，並藉著聖靈而得到基督所施予的幫助。

　　由於人們賦有上帝的形象，因此他們可以藉著因果來推理並做出負責任、有聖靈指引的決定。若他們有完全的自主性，沒有上帝也能活，那麼他們在選擇權上的自由就不是絕對的。不過，他們確實可以選擇耶穌基督為個人的救主，並按照祂的原則生活，或者選擇撒但為主人，去服從罪惡和死亡的律法（羅 6：12-23）。

　　復臨教育工作者在一所全都是年輕人的學校中工作，而此刻的

年輕人正是處於身分認同的危機之中，這一危機在幾個層面上影響
了他們的生活。他們面臨最重要的問題之一是：要選擇活在動物層
面？還是要提升自己神聖的可能？這個決定與善惡之間的選擇有密
切的關係。教育工作者自己也每天都為這同樣的問題而扎掙，所以
也幫不了別人。

　　但福音的偉大真理是，每個人都可以藉著耶穌基督與上帝產生
個人的關係而成為完全的人。這個事實是教育的中心支柱，其主要
目的是幫助人們與上帝恢復關係，將每個人都視為上帝的兒女，並
竭力幫助每個學生發展自己的最大潛能。懷愛倫有力地指出每個人
都有無限和永恆的可能性。她寫道：「上帝對祂兒女所有的理想，
比人類最高思想所能達到的更高。使人成聖——與上帝相似，乃是
所要達到的目的。」[22] 將這個理想從潛力轉變為現實，是復臨教育
在家庭、學校和教會中的功能。

　　影響復臨教育人性觀的第二點與第一點息息相關：自從墮落之
後，人類的問題一直無法獲得解決。在整部歷史中，人類都受到善
惡之爭的影響。自罪入侵以來，人類分為兩大類：一是仍舊悖逆之
人，另一類是接受基督為救主之人。大多數學校和教室都充滿了這
兩類的學生。敏銳察覺這一事實對復臨教育工作者至關重要，因為
他們必須每天處理這兩類學生之間複雜的互動。

與上述兩類人有關的，是儘管人類困境的具體細節會隨著時空推移而改變，但善惡之爭的基本原理仍然不變。因此，當今人們面臨著與摩西、大衛和保羅相同的基本試探和挑戰。正是由於人類問題在時空（地理位置）方面的不變性，《聖經》才是永恆的，並向所有人傳達了全球性的信息。《聖經》是教育的重要資源，因為它道出了罪惡問題的根源以及對它的解決方案，這是每個教育機構中所有人今天必須面對的問題。

此外，復臨學校必須思考的、有關人性的第三個層面是個體與群體之間的張力。一方面，基督教教育工作者必須認清並尊重每個人的個性、獨特性和個人價值。耶穌一生都表現出對個體和價值的尊重。祂與門徒以及廣大民眾的關係，是與法利賽人、撒都該人、甚至門徒的心態形成鮮明對比的。法利賽人、撒都該人、甚至門徒們都傾向於將「其他人」視為無差異的「種類」。在嘗試將教育與學習者聯繫起來時，獨特的基督教哲學永遠不會忽視人類個體的重要性。

但是，對個體的適當尊重並不能否定、抑或推翻團體的重要性。保羅在寫給哥林多教會有關屬靈恩賜的教導中，提升了社會整體的價值以及每個人的獨特價值（林前 12：12-31）。他寫道，只要尊重個別成員的重要性和獨特性，團體（社會群體）就會健全；這對教育機構和教會而言都是如此。從這個角度來看，所謂健全的教育不是無

限的個人主義，而是一種在尊重個體和團體需求之間取得的平衡。

　　關於人性的最後一個重要意義是，「全人」對上帝而言至關重要。在提到懷愛倫對教育整體性的強調時，我們就討論過此議題。但是我們需要對此詳加說明。傳統教育將學生的智育置於體育之上，而一些現代主張則正好相反，還有一些人專注於靈性上。但是，任何影響人的部分最終都會影響到全人。正如對耶穌成長的描述所說的，一個人在靈、智、體、群各方面的平衡發展才是理想的（路 2：52）。人類目前的困境之一是自從墮落以來，人們在這些領域以及相互關係中都缺乏健康和平衡。為此，救贖教育的部分功能是使人們在各方面以及他們的全人生命中恢復健康。因此，恢復上帝的形象與教育一樣，在靈、智、體、群上都有影響。這種理解也將對課程的選擇產生一定的作用。

　　基督教教育工作者了解學生的複雜性，意識到每個人都是上帝國度的國民，應得到最好的教育。他們看見，在外表行為的虛飾之下，人類問題的核心——罪，依然存在。它使人與上帝的生命和品格隔離。從最深的意義上來說，基督化教育是救贖、恢復與和解。故此，每一所復臨學校都必須在其所有活動和整個課程中，竭力讓每位學生在靈、智、體、群取得平衡。復臨教育的目的和目標是恢復每個學生的上帝形象，並使學生與上帝、同儕、自己和自然界和好。這樣的理解將帶領我們進入復臨教師的角色。

問題
與思考

❶ 討論懷愛倫教育理念的核心。

_____

_____

_____

_____

❷ 復臨教會對人性的看法應透過哪些特定方式來塑造教會的
教育體系？

_____

_____

_____

_____

❸ 《聖經》關於人性的教導，在哪些方面「要求」基督化教
育與其他教育哲學有所不同？

_____

_____

_____

_____

4 「全人」一詞在懷愛倫對教育的理解中意義為何？

_____

_____

_____

_____

_____

5 人究竟是更像動物還是更像上帝呢？在哪些方面？這兩種
南轅北轍的立場其意義是什麼？

_____

_____

_____

_____

_____

_____

_____

_____

註釋

1. Harold H. Ditmanson, Harold V. Hong, and Warren A. Quanbeck, eds. Christian Faith and the Liberal Arts（Minneapolis: Augsburg, 1960）, iii.

2. Gordon H. Clark, A Christian Philosophy of Education（Grand Rapids, MI: Eerdmans, 1946）, 210.

3. This book is not the first time an Adventist philosophy of education has been formulated. See especialy "A Statement of Seventh-day Adventist Educational Philosophy," developed by a group of Adventist educators for consideration at the First International Conference on the Seventh-day Adventist Philosophy of Education, convened by the General Conference Department of Education and held at Andrews University, April 7 – 9, 2001. That statement is published in the Journal of Research on Christian Education 10, special edition（Summer 2001）:347–355, and is available at the General Conference Department of Education Website. Go to http://education.gc.adventist.org; click on "publications" and choose the title of the document as listed above.

4. White, Education, 14–15.

5. Ibid., 15–16.

6. Ibid., 29.

7. Ibid., 30.

8. Paul Nash, Models of Man: Explorations in the Western Educational Tradition（New York: John Wiley and Sons, 1968）; Paul Nash, Andreas M. Kazamias, and Henry J. Perkinson, The Educated Man: Studies in the History of Educational Thought（New York: John Wiley and Sons, 1965）.

9. Allan Hart Jahsmann, What' s Lutheran in Education？Exploration into Principles and Practices（St. Louis: Concordia, 1960）, 8.

10. George R. Knight, Philosophy and Education: An Introduction in Christian Perspective, 4th ed.（Berrien Springs, MI: Andrews University Press, 2006）, 207.

11. White, Education, 13.

12. Ibid., 13, 309.

13. Jim Wilhoit, Christian Education and the Search for Meaning, 2nd ed.（Grand Rapids, MI: Baker, 1991）, 61.

14. Thomas Hobbes, Leviathan, ed. Richard E. Flathman and David Johnston（New York: W. W. Norton, 1997）, 70.

15. B. F. Skinner, Beyond Freedom and Dignity（New York: Bantam, 1971）.

16. Jonathan Edwards, "Sinners in the Hands of an Angry God," in Jonathan Edwards, ed. Clarence H. Faust and Thomas H. Johnson, rev. ed. （New York: Hill and Wang, 1962）, 155–172.

17. D. Morris, The Naked Ape, 9.

18. Carl R. Rogers, Freedom to Learn （Columbus, OH: Charles E. Merrill, 1969）.19. Abraham J. Heschel, Who Is Man ? （Stanford, CA: Stanford University Press, 1965）, 3.

20. E. F. Schumacher, A Guide for the Perplexed （New York: Harper Colophon, 1978）, 18, 20.

21. White, Education, 15.

22. Ibid., 18

這是個鼓舞人心、啟發心靈、
賦予靈性的提醒，
期喚醒人對教育真諦的追求。

教師的角色
與復臨教育的宗旨

在學校裡，老師是教育成功的關鍵因素，因為他們是將課程傳授給學生的人。能確保教育產生果效的最佳方法，不是改善設施，也不是找到更好的教學法，或提供與這些項目同樣重要的課程，而是聘用和留住優秀的教師。埃爾頓・楚布洛德（Elton Trueblood）在談到這一點時說：「如果在我們當前的教育哲學中，有一個結論是明顯一致的，那就是關於一位優秀教師至高無上的重要性了！一所好的大學的建築物可以很老舊，仍不失為一所好的大學，但一所教師素質很差的學校是不可能稱之為好的大學的。」[1] 當然，中小學也是如此。楚布洛德在另一處寫道：「簡陋草屋的精彩教學勝遠華麗皇宮草率的教學。」[2]

幾年前，詹姆斯・科爾曼（James Coleman）對美國學校的大量研究從數據方面支持了以上觀察。他發現，對學業成就影響最大的學校因素（與家庭無關）就是教師的特質，而不是設施或課程。[3] 聘請高

素質的教師也是改善教育計畫中屬靈影響的主要因素。羅傑・杜德利（Roger Dudley）在研究美國復臨學院學生時發現，「青少年對信仰的排拒與學校教師的信仰真誠度有絕對的關係。」[4]

如果優質的教師是學校系統成功的關鍵因素，而學校系統的目標僅僅是為了讓人們在這世上有好的生活和工作，那麼我們對年輕人所傳授的「為永恆做好準備」的教育是何等重要啊！考量到這一點，復臨信徒的父母、老師、行政人員和學校董事會就必須了解教育事工的重要性；該事工如何促進學校實現目標，以及那些得蒙任重道遠的呼召以教導下一代的教師所具備的基本條件，都是至關重要的事。

教學是教會事工的一種形式

教育和救贖原為一體，[5]按照定義，復臨教育是基督教事工的一種形式，具有牧養的功能。《聖經》的新約清楚地將教導定義為神聖的呼召（羅 12：6-8；林前 12：28；弗 4：11）。而且，《聖經》並沒有將教學和牧養的職責區別開來。反之，保羅寫給提摩太的教導提到，教會的監督（牧師）必須是「一名善於教導的教師」（提前 3：2）。在一封給以弗所教會的書信中也寫道：「祂所賜的、有使徒、有先知、有傳福音的、有牧師和教師」（弗 4：11）。

　　保羅使用了一種希臘文的語法結構，表明一個人可以身兼牧師和教師。布魯斯（F. F. Bruce）在評論這段話時指出，「牧師（牧羊人）和教師這兩個詞表示同一類人。」[6] 相比之下，《聖經》將其他的恩賜都各別列出，意義在於欲保有上述兩種恩賜的功能，就不能將它們分開。牧師不僅要照顧信徒的屬靈生命，而且還必須透過督責和榜樣向個人和教會團體做出教導。同樣，教師不僅必須授業，還必須致力於保護、照顧學生的需要。因此，基督教教師對學生負有牧師般的職責。

　　現今，牧師和教師主要的角色差異與當前的分工有關。在廿一世紀的社會中，基督教教師被視為是學校中的牧師，而牧師被視是在較大的宗教團體中任教的老師。雖然教師與牧師分別在主的葡萄園內各司其職，但其重點是他們在本質上的事奉其實是相同的。

教導年輕人不僅是一項牧師的職責，而且是最有效的事奉形式之一，因為在所有的年齡層中，年輕人是最容易受影響的一群。改革家馬丁‧路德（Martin Luther）寫到：「如果我不得不放棄傳教和其他職責的話，我首先會選擇學校老師的職位。因為我知道除了傳教，只有教師的工作是最有用、最偉大且是最好的；我不確定這兩者之間哪一個才是首選。所謂習與性成、積重難返，但這正是教育之所在，即使會面臨功敗垂成的結果。好在幼苗較易於矯正和訓練，因此要忠實地培訓每一個受託管教的孩子。這一項事工是世界上最崇高的美德之一，可惜很少有父母看重這一點。」[7]

教師兼牧師的恩賜最鮮明與充分的體現就在基督的事奉中。「夫子」一詞是人們對祂最常用的稱呼之一，這在希臘文實有「老師」之意。對於教學法和有意義的人際關係等領域，基督的方法被公認為最佳教學範例。以基督為教師的角度研究福音，將對我們在了解理想化基督教教導時大有助益。

我們將在隨後幾章中研究基督的教學法。本章我們要研究基督在教學事工裡的人際關係面向，這是一個特別重要的議題，因為良好的人際關係是成功的教學核心。懷愛倫的幾句話提出了她對該議題的深刻見解。

耶穌的牧養事工之所以成功的部分原因，是人們知道祂是發自

內心關心他們。例如，我們讀到：「在祂作為公眾教師的工作中，基督從來沒有忽視過兒童⋯祂的蒞臨從未使他們害怕和反感。祂那廣博而充滿愛的心能夠理解他們的試練和需要，在他們單純的愉悅中找到幸福；而且祂將他們擁進自己的懷抱並賜福他們。」[8] 孩童是很敏銳的，在與成年人交談後，他們可以判斷出長輩們是否只是隨便聽聽、客氣地敷衍，還是真的關注、在乎他們。作為父母或老師，我們有多少次只是聽聽我們的孩子說話、對他們點點頭、然後就打發他們去玩，絲毫不在意他們所試圖傳達的心意？使孩童疏遠的絕招就是讓他們感覺到，大人們只重視他們認為「重要的事」，而不是關心孩子們的福祉。懷愛倫提出，即使教師的學歷不高，但如果他們真正關心學生，意識到任務的艱鉅並願意改善，他們會因此而成功。[9] 關愛的關係是基督教學事工的核心。

在耶穌的傳道中，祂與人的關係散發出對人的一種信心，那就是每個生命都充滿可塑性。因此，即使「基督是一位忠實的訓誨者⋯祂從每一個人身上——不論他墮落到何等地步，都看出他是上帝的兒女，是可以恢復其神裔之權利的⋯基督看到人們的痛苦和墮落，在那似乎絕望與滅亡的景況中，祂發覺尚有一線希望。有需要的地方，祂都能看見機會。對於凡遭受試探、失敗、自覺沉淪而行將滅亡的人，祂都不予斥責，反而加以賜福⋯⋯

「祂在每一個人身上看出無限的可能性。祂看出人們受了祂恩

典的改造⋯⋯所能達到的地步。祂本著希望來看他們，就激起了希望。祂以信任對待他們，就激起了信任。祂在自己身上顯明了人類的真標準，喚起了那達到這標準的願望和信心。那些被藐視的墮落之人，在祂面前就發覺自己仍舊是人，並切望表明自己是配受祂關心的。許多素來不關心一切聖潔之事的人，如今也因為受到新的刺激而覺醒。許多失望的人，如今開拓了新生的可能性。基督以慈愛精誠將人牢牢繫在祂的心上。」[10]

上述引言強調了基督的教學精神，使祂在受教育的生命中，成為一股向善力量。這個聲明本身對教師、父母以及與人一起工作的人都構成了最大的挑戰。若要在每個人身上看到無限的可塑性、在無望的人們身上看到希望，就需要注入上帝的恩典。這絕對是良好教學的關鍵。另一種方法就是用絕望的眼光看待世人，從而導致灰心絕望。

心理學家亞瑟・康布斯（Arthur Combs）引用了幾項研究報告表明，優質的教師和素質平庸的教師，可以根據他們對人抱持的觀點來看出兩者之間顯著的差異。[11] 同樣，發展「現實療法」的精神科醫師威廉・格拉瑟（William Glasser）認為，學校和生活中的失敗都源於兩個相關的問題——缺乏愛和無法實現自我價值。[12] 我們從別人對我們看法中發展自我價值。當父母和老師不斷地向孩子傳達，他們是愚蠢、行為不檢且沒有希望的信息時，他們就是在塑造這些年輕人

的自我價值感，並且讓這種價值感體現在他們的生活中。

　　幸運的是，自我實現的預言也能朝著積極的方向產生作用。蒲理亞斯（Earl Pullias）和楊格（James Young）指出：「當人們描述為他們付出最多的老師時，他們所提到的通常是那種在他們的生命中唯一一位相信他們並看見他們才能的老師，這些老師不僅能看見現在的他們，也能看見他們未來想成為和可以成為何種的人。為此，他們不僅開始在自己特別感興趣的領域努力耕耘，也在其他領域力求上進。」因此，老師是學生願景的啟蒙者。[13]

　　另一方面，基督看見每個人的潛能並不意味著對人類的侷限性視而不見。《聖經》明示，每個人都有一些才能，但沒有人擁有所有的才幹。有時，學生的個性和天賦需要加以指導以達到最佳的成果。基督的事工就是這樣。祂了解彼得、約翰和安德烈的特殊需求和潛能，並據此進行指導。

　　雖然關愛的關係是基督教學事工的核心，但這種關係卻必須非常謹慎且合宜地運用在日常實踐中。因此，懷愛倫寫道：「祂執著但不頑固，仁慈卻不讓步，親切又有同情心但從不感情用事。祂交友甚廣，但總是操守自重令人心生敬畏。祂的節制從不使祂變得偏執、待人嚴厲。祂雖不與人同流合污，但卻留意人最細微的需要。」[14]

復臨教會的老師和其他與教會教育制度相關的人，能夠藉著學習基督大教師的榜樣而獲益良多。這樣學習還能使他們直接與基督教教育的宗旨和目標聯合。

教育的首要目標以及身為救贖代理人的復臨教師

我們已經提到，從《聖經》和懷愛倫的角度來看，人類最大的需求就是與上帝建立良好的關係。換句話說，人類的墮落產生了基督教教育的目的。人類最大的需求就是救贖。因此耶穌聲稱祂來了「是要尋找拯救迷失的人」（路 19：10）。這尋找與拯救是《聖經》從〈創世記〉一直到〈啟示錄〉的主題。

當我們提到基督教教師的角色時，就不得不提〈路加福音〉第 15 章，有關失羊、失錢和浪子的比喻。從該章的角度來看，教師是專門尋找並幫助那些陷在罪中的迷失者，無論他們是像❶綿羊（知道自己迷失但不知如何回家的人）；或是像❷銀錢和大兒子（不知道自己已經迷失的人）；還是像❸小兒子（知道自己迷失也知道如何回家，卻在走投無路之前不願返回的人）。迷失有很多種，這在每所學校和教室都會發生。但是，不論是悖逆者和法利賽人或是其他所有類型的人都有一個共同的需求——不再失喪。難怪基督要將祂的使命核心認定為尋找並拯救失喪者（路 19：10）。

在這些章節中，我們也看見耶穌如何對待那些忘恩負義、吝於接待的撒瑪利亞人。當時他們拒絕為耶穌提供住宿的地方，因為他們知道祂正前往耶路撒冷。那時，雅各和約翰因撒瑪利亞人的無禮而發怒，並求耶穌從天上降火消滅他們。可是耶穌卻回應說「人子來不是要毀滅人的性命，是要救人的性命。」（路9：56）

耶穌的生活和基督教教育的主要目標也可以在〈馬太福音〉的主要經文中找到，該經文預言馬利亞將生一個兒子，「因祂要將自己的百姓從罪惡裡救出來。」（太1：21）同樣的想法也出現在〈約翰福音〉中，那裡說：「上帝愛世人，甚至將祂的獨生子賜給他們，叫一切信祂的，不至滅亡，反得永生。因為上帝差祂的兒子降世，不是要定世人的罪，乃是要叫世人因祂得救。」（約3：16–17）

復臨教師是上帝救贖與修復計畫的代理人，他們與基督一樣，其首要職責就是「尋找拯救迷失的人」。（路19：10）他們必須願意以基督的精神工作，這樣他們的學生才能藉著耶穌的犧牲而與上帝重歸於好，並且恢復上帝的形象。

教學不只有傳遞資訊和灌輸知識，也不只是教他們如何為職場準備。基督教教師的主要職責是與大教師建立聯繫，使自己成為上帝救贖計畫中的助手。

　　埃德溫‧里安（Edwin Rian）發現到，大多數的教育哲學作家，無論他們的哲學和宗教觀點為何，「都一致認為保羅和改革宗新教神學對世人的問題——即罪惡和死亡的看法皆與教育的目的和過程無關。」他指出，這樣的立場無可避免導致「對個人和群體造成教育上的誤導和挫敗」。里安針對人的狀況提出了「教育即信仰改變」的理念。[15] 二十世紀初俄亥俄州衛斯理大學的校長赫伯特‧韋爾奇（Herbert Welch）提出了同樣的觀點，他宣稱「感化學生捨罪從義，是一所基督教學院的最高成就。」[16]

　　基督教教育是唯一可以滿足人類最深層需求的教育，因為只有基督教的教育工作者才了解人類問題的核心。基督教教育的救贖目標正是使它成為基督教教育的原因。在學校、家庭和教會中，實行基督教教育的主要目的是引導人們與耶穌基督建立救贖的關係。

這一關係的恢復解除了〈創世記〉第 3 章所提及的、人與上帝之間主要的隔閡。而這樣的恢復為除去世人其他的疏離奠定了基礎。因此，教育是上帝偉大救贖或贖罪計畫的一部分，其功能是幫助人與上帝、與他人、與自己以及自然界恢復合一。整本《聖經》的信息都指望恢復之工完成的那日，因為只要人類在各方面的失喪得到復原，伊甸園的景況將能在自然界中恢復（賽 11：6–9；啟 21、22）。

　　墮落的本質是人類決意將自己而不是上帝置於生活的中心。所以，救贖計畫是重新將上帝定位為世人賴以生存的中心。這是一種有生命力的體驗，人們用諸多詞彙來形容此體驗，像是信仰改變和新生，而《聖經》則稱之為新心。保羅生動地描述這種經歷，聲稱基督徒是一個在思維和生活方式完全得到改變的人（羅 12：2）。希臘文的用詞是「蛻變」，也就是在英文中用來表示毛毛蟲變成蝴蝶時所發生的變化。這是一個巨大的變化，涉及對過去的捨棄以及一個新的開始。卡萊爾・海恩斯（Carlyle B. Haynes）寫道：「基督徒的生命不是在舊有的生活上進行任何改造、增值、進化、文化修養或教育。它不是建立在舊有的生活基礎上，也不是從中長成。這是另一種生活——一種完全的新生活。這正是耶穌基督以人的樣式而活出的生命。」[17]

　　因此，學生最需要的是靈性上的重生，將上帝置於生活的中心。保羅指出，這種更新是每天的經歷（林前 15：31），耶穌宣稱重生來

自於聖靈（約 3：5-6）。沒有聖靈的力量，基督教教育將無法成功。

懷愛倫寫道，教育「最重要的事情應該是學生的悔改，以使他們擁有新的生命和活力。大教師（耶穌）的目標是在心靈上恢復上帝的形象。我們學校中的每一位老師都應為此目的而和諧地工作。」[18] 復臨教育可以建立在重生經歷的基礎上，以實現其他的目標和目的。但是，如果它在這個基礎點上失敗了，那就是完全失敗！

復臨教育的次要目標

恢復人類與上帝隔絕的關係是解決其他疏離關係的第一步，從而有助於界定教育的次要目的。我們一再指出，教育是上帝偉大的拯救或贖罪計畫的一部分。教育的功能是幫助人與上帝、與他人、與自己和與自然界重歸合一。在這種情況下，基督教教學的重點是放在個人與上帝破碎關係的和解。如此就能為實現基督教教育的次要目標做好準備，例如品格發展、知識的獲取、職場準備以及對學生在社交、情感和身體上的培養。

毫無疑問，品格發展是復臨教育的主要目標。懷愛倫指出，品格決定了今生和來生的命運，「品格的建立乃是交予人類最重要的工作。」[19] 依維（C. B. Eavey）將品格發展與教育的基本目的聯繫起來，他說：「基督教教育的基本目標是將人引向基督而得救。屬神之人

要成聖之前，必須是一個追求成聖的人。未經重生，就無法成為屬上帝的人。」[20] 換句話說，只有那些重生的基督徒才能發展出真正的品格。當我們將基督教教育的主要目標——讓學生與基督建立關係，與神學概念諸如轉化、重生和因信稱義視為同一個概念時，就會將品格發展作為次要目標，而這目標必須要與成聖和基督徒靠恩典成長同義。

這種同等的概念正是我們在懷愛倫的著作中所讀到的。她寫道，「家長和教師的重大工作，是品格的建立——設法在他們所照顧的人裡面恢復基督的形象。科學知識與這個重大目標相比，就顯得微不足道；但一切真教育都有助於建立公義的品格培養。建造品格是終生的工作，是為永恆而建造的。」[21]

品格發展和成聖在本質上是同一過程的兩個名稱。不幸的是，教育工作者和神學家發展出不同的詞彙來描述這個相同的過程。但在這一點上，要記住基督徒品格發展的概念與人本主義的觀點是相反且對立的。人本主義的觀點僅針對未經改造與更新之人做一方淬煉之工；然而基督徒品格的發展只能在悔改的經歷中產生，而且也只會在基督和聖靈的工作之內形成（約 15：1–17；腓 2：12、13）。只有聖靈的能力才能在人的心中培養上帝的形象，並在每個學生的生命中結出聖靈的果子——仁愛、喜樂、和平、忍耐、恩慈、良善、信實、溫柔、節制（加 5：22–24）。

　　漢斯・朗德勒（Hans LaRondelle）指出，至少在恢復的過程中，當我們注視著「基督品格迷人的可愛之處」時，我們便會在修復的過程中產生改變。透過這種經歷使我們與祂的形象相似。[22] 因此，復臨教育的每個面向——教師的品格、課程、紀律以及其他各個面向都必須反映基督。

　　耶穌基督是復臨教育的起點、中繼站和終點。聖靈力圖在每個教育工作者以及我們的孩子和學生身上恢復基督品格的樣式。聖靈使用父母、老師和其他教育工作者作為救贖的媒介或中保。但是每個人都必須不斷地將意志降服於上帝的旨意，使自己的生命順從聖靈的引導。品格的培養和因信稱義一樣，都是上帝恩典的作為。因為品格培養之道有其重要功用，它理應成為儲備教師、父母和其他對教育具有影響力地位之人的中心支柱。

　　復臨教育顯然還有其他的次要的目標，例如知識的獲得和對工作職場的預備。但若將這些次要的目標與悔改和品格發展這種救贖的教育工作相比，就變得「無關緊要」了。[23] 畢竟，「人若賺得全世界，賠上自己的生命，有什麼益處呢？人還能拿什麼換生命呢？」（太16：26）

　　除了品格發展之外，基督教教育的另一個次要目標是基督徒思維的養成。雖然這個工作主要是傳達信息，但範圍遠不止於此。這意味著幫助學生能在基督教世界觀的框架內，發展出一種對真實的觀察和組織知識的方式。吉恩・加里克（Gene Garrick）指出，汲取知識乃是次要的，他寫道：「沒有重生，就不會有真正的基督徒思想，因為這事的價值必須以屬靈的眼光才能領悟。」（林前2：1–16）[24]

　　我們將在〈課程活動〉的篇章再次討論如何發展基督徒的思維。但是在結束這個議題之前，我們必須要知道一個重點，就是基督徒從不將獲取知識——甚至《聖經》或基督教知識視為目的。在追求知識和培養基督徒思維的過程中，基督徒教師們絕不能忽略他們為學生制定的最後目標：為上帝和人類提供更有效的服務。因此，從基督徒的角度來看，知識只是一種工具，而不是最終目的。

　　復臨教育的另一個次要目標是強化身心健康。懷愛倫寫道：「人的心智與靈性既是藉著身體而有所表現，因此心智與靈性方面的能

力，大部分有賴乎身體方面的能力與活動；凡足以促進身體之健康的，也必能促進健全思想與均衡品格的發展。人若缺少健康，就無法清楚地明瞭並充分地達成他對於自己、對於人類，以及對於創造他的主所有的義務。因此，人當忠心地保持健康，如同保持品格一般。生理衛生的知識應為一切教育努力的基礎。」[25]

因為人類不是靈、智、體的機器，而是全人的創造，只要任何一性質出現不平衡的狀況就會影響整體，因此教育系統在促進情緒健康上至關重要。因為生氣、沮喪的人無法在與上帝或他人相處的事上發揮其功效。由於墮落在人的靈、智、體、群上破壞了上帝的形象，因此，教育必須致力於恢復每個面向的健康和整體性，以及彼此之間的相互關係。

復臨教育最後的次要目標是讓學生為工作預備。在這方面懷愛倫著墨不少。從她的角度來看，有益的勞動對個人和社區都是一種福祉，並且是「讓我們從墮落中恢復上帝偉大計畫的一部分。」[26] 然而，職業的預備與基督徒生活的其他方面一樣，離不開重生、品格發展、基督徒的思想發展、身心健康以及社會責任。基督徒生活是一個綜合單位，它的每一層面都與他人和全人有關。因此，復臨教會的老師會鼓勵他們的學生以上帝和人類之僕的視角來看待所謂的世俗職業。這個想法將我們帶到復臨教育的終極目標。

復臨教育的終極目標

耶穌的一生乃為人類服務。祂來到世上並為世人奉獻自己。因此，祂的跟隨者也具有相同的任務。教育的終極目標（即最終結果）是幫助學生為這項任務做好預備。沿著這一思路，赫伯特・韋爾奇（Herbert Welch）作出結論說：「為了自身利益而進行的教育，就如同為藝術而創造藝術一樣糟糕；但教育的最高目標，乃是為了使人能在信任的文化裡做出最佳的服事，成為無知者的智者，軟弱者的強者」。他指出，「若基督徒品格無法以服務來呈現，那就是名不副實。」[27]

懷愛倫認同這點。她的經典之作《教育論》以服務中的「喜樂」為開篇和結尾，她認為這是「最高的教育」。[28] 她提到「真誠的教師絕不以次等的工作為足。他執意教導學生完成其可能達到的最高標準，才感到滿意。僅將技術上的知識授予他們，使之成為精明的會計員、熟練的技工，或成功的商人，是不能使他滿足的。他志在以真理、順從、忠孝、正直、以及純潔等原理感化他們。這些原理將使他們成為鞏固並提高社會的一種積極的勢力。他所最希望於他們的，就是要他們學習無私之服務的人生大教訓。」[29]

　　圖二表明，更新、品格發展、成熟的基督化思想發展、健全的健康和職業的預備本身並不是目的。反之，這些都是個人在為人類服務預備時的基本要素，這是上帝為了恢復墮落後、人與人之間的疏遠所做的計畫。基督教的愛心和基督化品格的本質是為他人服務。老師應該幫助他們的學生認識到，大多數的人已經將教育的優先順序擺錯了位置。我們都聽過：「社會欠我一個美好的生活，因為我花了這麼多年的時間來接受教育。」「由於我的成就，我應享有美好的生活。」就連那些自稱是基督徒的人，也經常抱持著或至少暗示著這種感慨。不幸的是，這些思想都與基督教終極目標背道而馳。

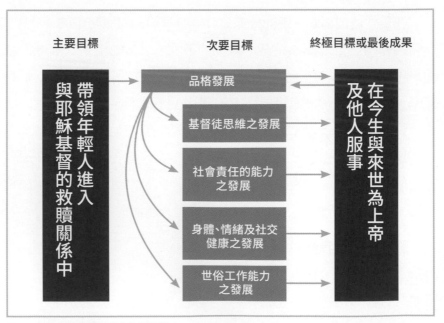

圖二：基督化教育的目的為指引教學

人們利用社會教育資源所帶來的利益來強化自己，在道德上本就是錯誤的。喬治・科奧茲（George S. Counts）從人本主義的角度寫道：「務要經常強調大學教育的優勢所帶來的社會責任：我們經常鼓吹大學教育的經濟價值；我們廣泛宣揚的信念是：培訓是有利的，因為它使個人得以站在前端；我們也不斷暗示、傳遞了這樣的信念：即大學是為那些能力較弱的人提供了康莊大道。高等教育意味著更大的責任；這一真理必須深刻印在每個教育受益者心中。任何時候，社會服務都必須成為大學訓練的主題，而不是個人的晉升。」[30] 如果科奧茲是從世俗觀點清楚地看到了這一真相，那麼忠誠的基督徒應該更加清楚地認識到這一事實。

才幹的比喻所傳達的信息是，若一個人的天賦和發展的機會越多，他就越有責任代表基督，忠實地為那些在靈、智、體、群、情感上有需求的人服務（太 25：14–30）。

基督徒教師不僅有責任傳授服務的理念，也有義務樹立服務的典範。因此，基督教教育的主要任務是「幫助學生發掘上帝給予他們的恩賜」，使他們在為他人服務的事工上，找到自己的定位。[31]

總而言之，我們所要強調的重點是，基督徒的服務行為乃是對上帝之愛的回應。它不是無私的人道主義之舉，為了讓人們對自己所做的善行和犧牲表示感激。基督徒對上帝的拯救之恩，激勵他們

透過參與上帝修復的事工，成為上帝愛的渠道。

正如我們在「圖二」中所見，從某種意義上來說，品格的建造為服務奠定了基礎，而這種服務的精神也有助於品格發展（因此，品格培養和服務是雙向的）。故此，兩者協同工作，相互促進，是不言而喻的互助關係。沒有服務就無法發展品格，但也可以說品格能使人達到服務的行為。

教師應設法使學生相信，基督徒的服務不是從畢業後或長大以後才開始的。反之，服務乃是從跟隨基督的那一日開始，它是基督徒生活中不可或缺的一部分。在教會、家庭和學校的老師，都需要為學生提供為教會內外之人服務的機會。簡而言之，基督教教義最重要的功能是幫助學生不僅將上帝的愛內化，而且也要外化。老師作為救贖的媒介，需要幫助學生發現他們個人在上帝的和解與恢復計畫中所扮演的角色。

復臨教師的資格

由於教師在教育過程中居核心地位，因此教師的理念和目標絕對要與學校的理念一致。考慮到這一點，弗蘭克 · 蓋伯林（Frank Gaebelein）寫道：「沒有基督徒教師就不可能有基督教教育。」[32] 同樣，沒有復臨教師就不可能有復臨教育。這是因為復臨教會獨特的

教義和傳揚末世福音之使命，將他們與其他基督教教派的觀點區分
開來，並且成為復臨教育的基本內涵。

　　鑑於教師在教育過程中的強大作用，選擇合格的教師和敬業的
學校職員至關重要。懷愛倫強調，「在選擇教師時，我們應該格外
謹慎，這和選擇人去傳道是同樣莊嚴的事情……需要有一班才能最
佳的人來教育及陶冶青年的思想，並有效地執行教師在……學校中
所必須作成的多項工作。」[33] 沒有人願意雇用資歷不佳的醫生、律
師或飛行員，即使他們願意接受較低的薪酬。既然教師是要教導國
家未來之棟樑的人，為何在雇用合格的教師時卻出現盲點呢？

　　教師資格中最重要的是屬靈生命。這一點至關重要，這是因為人類最實質的問題就是罪惡或屬靈上的迷失。正如之前我們所提到的，罪惡乃是個人和社會遭受破壞性的疏離和迷失的根源。《聖經》教導說，人類在自然條件下正遭受某種形式的靈性死亡（創 3 章），而人們最大的需求就是屬靈上的重生（約 3：3，5）。依維（C. B. Eavey）曾寫道：「只有在基督裡成為新造的人才能傳達上帝的恩典，或以這種恩典培育他人。」所以，凡從事基督教教育的人「必須擁有基督的生命，並被上帝的靈所感動。基督教教育不只是人類的活動，也是使人能在基督裡遇見上帝的工作」。[34]

　　懷愛倫延伸了這個觀點，她寫道：「唯有生命才能產生生命。唯有與生命之源相連的人才有生命。只有這樣的人，才能成為生命

的通道。教師為了達到他工作的目的，就必須成為真理的活見證和
通道、智慧與生命的途徑。應把教師純潔的生活，就是他應有的公
義、原則與良好習慣所產生的結果，看作是他最重要的資格。」[35]

因此，復臨教育工作者的第一要務是他們與耶穌的密切關係。
如果他們的屬靈生活與上帝所彰顯的旨意相融，他們就會對神聖的
事物產生敬意，他們日常的榜樣也將使學生從中受益。

第二個資格跟教師的智力和發展有關。懷愛倫寫道：「在教
師應具備的資格中，正確的原則和良好的習慣是首要的，可是對於
知識的精通，也是不可或缺的。高尚的品格必須和淵博的知識相結
合。」[36]

復臨教育工作者不僅要精通文化常識，還必須掌握《聖經》的
真理，並能在基督教和復臨教會世界觀的背景下，傳達他們所教授
的主題。透過將每門課程與人類生存的最終意義結合，他們能帶領
學生超越學科本身的狹隘範疇。

復臨教育工作者資格的第三項發展領域是社交。基督與祂的門
徒在四福音書中的社交關係成為一項有趣且有益的研究。祂沒有讓
自己與所教導的人隔絕。相反，祂與他們打成一片，並參與他們的
社交活動。

　　懷愛倫曾寫道：「真正的教師所能授與學生的恩賜，很少能比他親自與學生結交更有價值的。……要增強師生之間的同情心，最有效的方法莫過於在課外與學生作愉快的交通。」[37] 另外一方面，她建議教師「若能把兒童招聚到身邊，向他們顯示愛心，關心他們的努力和娛樂，有時還要做一個孩子與他們同玩，就能使兒童十分快樂，並獲得他們的愛戴和信任，兒童會更快學會尊重，並愛戴他們父母和教師的權威。」[38] 在很大程度上，教室外的師生關係會改變教室內的影響和決定。

　　教師資格的第四個層面是良好的身體、心理和情感健康。沒有均衡的健康，教師很難有開朗的性格以及能夠反映基督形象的性情。

　　基督教教師必須努力，不斷在個人的各項條件資格上提升自己。這與他們為學生致力的目標相同——就是使學生在靈、智、體、群上恢復上帝的形象。基督終其一生呈現在人們面前的這種平衡，乃是構成他們專業活動的基礎。因為教導乃是一門愛上帝兒女的學問，所以復臨教師應極渴望上帝來幫助他們，成為有能力關愛他人之人。

　　換句話說，基督教教師的整體資格應該成為學生生活中各方面的典範或榜樣。不可低估教師作為善惡榜樣的力量。普利亞斯

（Pullias）和楊格（Young）指出，「立榜樣源於教學的本質」，而「立榜樣是教學的一部分，任何老師都無法逃脫。」[39] 懷愛倫強調了以下事實：「教師希望學生成為什麼人，他們自己就必須先成為那樣的人」，並且「基督的話就在祂自己的生活上，有了完全的實例與支持……祂的教訓之所以有力，就是在此。」[40]

關於教師資格的觀點也適用於復臨學校的其他職員。他們對學生也會產生重大影響，因此不僅需要成為屬靈領袖，也需要在各方面保持健康和平衡。在整體具有成效的教育團隊中，教師只是這其中的成員之一。

　　第三至四章研究了《聖經》哲學的角度、學生的性質、老師的角色及復臨教育的目的。第五至七章將著重探討復臨教育的課程方法，教學方法的《聖經》觀點，並討論在善惡之爭的背景之下、復臨教育的社會功能。

問題與思考

❶ 基督教的教導在哪些方面可視為教會宣教事工的一種？

_____

_____

_____

_____

_____

❷ 宣教事工的功能如何影響教師的目標？

_____

_____

_____

_____

❸ 將教學視為宣教事工的觀點，如何增添我們對復臨教育重要性的理解？

_____

_____

_____

_____

_____

_____

4 請用你自己的話敘述復臨教育的目的。

_____

_____

_____

_____

_____

_____

_____

_____

5 作為教師，這些目的就你本人而言有什麼影響？

_____

_____

_____

_____

_____

_____

_____

_____

_____

註釋

1. David Elton Trueblood, The Idea of a College (New York: Harper and Brothers, 1959), 33.

2. David Elton Trueblood, "The Marks of a Christian College," in Toward a Christian Philosophy of Higher Education, ed. John Paul von Grueningen (Philadelphia: Westminster, 1957), 168.

3. James S. Coleman et al., Equality of Educational Opportunity (Washington, DC: U. S. Department of Health, Education, and Welfare, 1966).

4. Roger L. Dudley, Why Teenagers Reject Religion and What to Do About It (Washington, DC: Review and Herald, 1978), 80.

5. White, Education, 16, 30.

6. F. F. Bruce, The Epistle to the Ephesians (Westwood, NJ: Fleming H. Revel, 1961), 85.

7. Martin Luther, "Sermon on the Duty of Sending Children to School," in Luther on Education, ed. F. V. N. Painter (Philadelphia: Lutheran Publication Society, 1889), 264.

8. White, Counsels to Parents, Teachers, and Students, 179.

9. White, Education, 279.

10. Ibid., 79–80.

11. Arthur W. Combs, Myths in Education: Beliefs That Hinder Progress and Their Alternatives (Boston: Al yn and Bacon, 1979), 196–197.

12. William Glasser, Schools Without Failure (New York: Harper and Row, 1975), 14. For more on Glasser, see Jim Roy, Soul Shapers: A Better Plan for Parents and Educators (Hagerstown, MD: Review and Herald, 2005).

13. Earl V. Pullias and James D. Young, A Teacher Is Many Things, 2nd ed.(Bloomington, IN: Indiana University Press, 1977), 128.

14. White, Counsels to Parents, Teachers, and Students, 262.

15. Edwin H. Rian, "The Need: A World View," in Toward a Christian Philosophy of Higher Education, ed. John Paul von Grueningen (Philadelphia: Westminster, 1957), 30–31.44

16. Herbert Welch, "The Ideals and Aims of the Christian College," in The Christian College, ed. Herbert Welch, Henry Churchill King, and Thomas Nicholson (New York: Methodist Book Concern, 1916), 21.

17. Carlyle B. Haynes, Righteousness in Christ: A Preacher's Personal Experience (Takoma Park, MD: General Conference Ministerial Association, [c.1926]), 9–10.

18. White, Fundamentals of Christian Education, 436.

19. White, Education, 109, 225.

20. C. B. Eavey, "Aims and Objectives of Christian Education," in An Introduction to Evangelical Christian Education, ed. J. Edward Hakes (Chicago: Moody, 1964), 62.

21. White, Counsels to Parents, Teachers, and Students, 61.

22. Hans K. LaRondelle, Christ Our Salvation: What God Does for Us and in Us (Mountain View, CA: Pacific Press, 1980), 81–82.

23. White, Counsels to Parents, Teachers, and Students, 49, 61; White, Fundamentals of Christian Education, 27.

24. Gene Garrick, "Developing Educational Objectives for the Christian School," in The Philosophy of Christian School Education, ed. Paul A. Kienel, 2nd ed. (Whittier, CA: Association of Christian Schools International, 1978), 73.

25. White, Education, 195.

26. Ibid., 214.

27. Welch, "The Ideals and Aims of the Christian College," 23–22.

28. White, Education, 13, 309.

29. Ibid., 29–30.

30. J. Crosby Chapman and George S. Counts, Principles of Education (Boston: Houghton Mifflin, 1924), 498.

31. Gloria Goris Stronks and Doug Blomberg, eds., A Vision with a Task: Christian Schooling for Responsive Discipleship (Grand Rapids, MI: Baker, 1993), 25.

32. Frank E. Gaebelein, The Pattern of God's Truth: Problems of Integration in Christian Education (Chicago: Moody, 1968), 35.

33. White, Testimonies for the Church, vol. 6, 200; cf. White, Counsels to Parents, Teachers, and Students, 150–151.

34. Eavey, "Aims and Objectives of Christian Education," 61.

35. White, Counsels to Parents, Teachers, and Students, 31.

36. Ibid., 199.

37. White, Education, 212; cf. White, Counsels to Parents, Teachers, and Students, 502; White, Fundamentals of Christian Education, 116.

38. White, Fundamentals of Christian Education, 18–19.

39. Pullias and Young, A Teacher Is Many Things, 68.

40. White, Counsels to Parents, Teachers, and Students, 65; White, Education, 78–79.

這是個鼓舞人心、啟發心靈、
賦予靈性的提醒，
期喚醒人對教育真諦的追求。

第 5 章

在課程上的考量

課程（curriculum）一詞來自拉丁文「currere」，意為參加「賽跑」。一般而言，它表示「機構中的所有課程和經歷」。[1] 一位作者將其定義為「一個架構鮮明的路線圖，引導個人走向成為成熟的基督徒之路。」[2]

但是，我們需要問的是：「路線圖中應該包含什麼？」並且「應該以什麼為基礎做出決定？」這些問題引導我們思考一個重要課題：「什麼才是最有價值的知識？」

什麼是最有價值的知識？

赫伯特・斯賓塞（Herbert Spencer）（著名的社會達爾文主義者）在1854 年發表了一篇極具啟發性和關聯性的論文，主要探討哲學與課程內容之關係；該文章的標題是：「什麼是最有價值的知識？」

這也是其核心問題。對斯賓塞而言，這是教育領域裡「問題中的問題」。他認為：「在發展出一套合理的課程之前，我們必須了解我們最想知道的問題，我們必須確立知識的相對價值。」[3]

為尋求上述問題的答案，斯賓塞將人類活動按其重要性以等級排列，他認為生活中重要的活動有五種，依序為：

❶與自我保存（self-preservation，簡稱「自保」）直接有關的活動；

❷與自保間接有關的活動；

❸與養育（rearing）和教育（discipline）子女有關的活動；

❹與社會及政治關係維持連結的活動；

❺其他各類能夠提升或滿足品味及感覺的休閒娛樂活動。[4]

接著，他的文章從自然進化論的角度著手分析人類事務，並在最終對他主要的問題提出了明確的答案：「什麼是最有價值的知識？共同的答案是——科學。這是從各面知識而定下的結論。」斯賓塞在解釋他的答案時，將科學（廣義上包括社會科學和實踐科學，以及物理科學和生命科學）與生命最重要的五個知識層面聯繫在一起。他的回答建立在以下原則之上：任何與生活無關緊要的知識，應排在課程中最不重要的位置，而那些在生活中最重要的知識，應在學習過程中居首位。[5]

基督徒必然會拒絕斯賓塞的結論，因為該結論是建立在自然主

義的形上學和知識論之上，但是基督徒絕不能忽視在他論點背後更大的議題。對復臨信徒而言，了解他們學習機構中課程基本原理至關重要。馬克・範・多倫（Mark Van Doren）指出：「一所大學若沒有課程將失去其存在意義，但若一所大學提供的了毫無意義的課程，則更沒有存在的意義。」[6]

復臨教育工作者必須與斯賓塞一樣，要解決「什麼才是我們最需要知道的知識」之課題。正如斯賓塞的理解，這個問題的答案直接影響我們對課程中、各種知識之相對價值的理解。復臨教育工作者可以研究斯賓塞的文章及其中方法，並以他們獨特的世界觀背景，對課程研發的重要任務提出深入見解。

真實可行的課程必須以學校對於形上學、知識論和價值論的認知基礎研發，並與之相符。因此，不同的哲學立場會以它所認知的基本真理側重不同的課程。這一事實說明，復臨學校的課程不會是主流社會、一般世俗課程的修正與改編版。基督教是獨特的，因此，復臨教育在課程研發的立場也是獨特的。

課程研發的另一個主要課題，是找出能將課程整合的模式。懷特海德（Alfred North Whitehead）曾指出，現代的課程計畫常陷入缺乏綜合原則的問題。他聲稱，「在缺乏整合的情形下，我們給孩童提供的課程是——教代數，無所跟進；教幾何學，無以推論；教科學，

無所依據；教歷史，無從追溯；教幾種語言，無一精通；最後，全課程裡最為沉悶的文學，以莎士比亞的戲劇為文學代表，只要將內文的註解以及對情節和性格的簡短分析背一背就完事。難道說這樣一張課表清單就能代表生命、猶如以它為眾所周知的生活中心嗎？說得好聽一點，這好比一位神明在構思創造一個世界時，將祂腦海中一閃而過的想法快速且粗略地列出一張清單，卻尚未決定如何將其組合在一起。」[7]

然而，問題的癥結並不在於我們不知道需要以某種整體性的模式、把課程的各種科目以一種有意義的方式適當地加以建構，而是去發掘出這一模式。我們生活在一個知識如此零散的世界中，很難看到我們的各個專業領域與整體之間的關係。正是在這種背景下，斯諾（C. P. Snow）的「兩種文化論」──對人文與科學之間巨大鴻溝的論述──具有特殊的重要性和意義。[8]

在我們的世界中，學科領域的學者大多失去彼此相互交流的能力，因為他們看不到自己的學科與大局之間的重要性。更複雜的是，我們發現存在主義者和後現代主義者否認外在意義，而分析哲學家則認為，由於我們無法發現意義，因此我們應該專注於定義我們的詞語和改善我們的句法。

一個多世紀以來，對整個教育經歷意義的探索一直是一項主要

探求。有些人將整合中心定義為「經典的統一性」，另一些人則將其視為「社會、職業主義或科學的需求」。但是，這些理論都不夠廣泛，而且他們的主張通常是分裂的而不是統一的。我們似乎生活在一個精神分裂世界裡，當有人聲稱沒有外在意義時，其他人則以科學研究為依據，做出對整體意義的假設。現代的世俗之人把基督教的統整力量拋諸腦後，傾向於專注在知識的細節而不是整體。結果，隨著人類試圖界定什麼是最有價值的知識時，知識的零散仍舊無法解決這個大問題。

　　然而，對於復臨教育工作者來說，他們所面臨的是另一個截然不同的問題。他們知道什麼是最有價值的知識，因為他們了解人類最大的需求。他們認為《聖經》是超越人類有限領域的宇宙啟示，它不僅顯明人類的狀況，也顯明了這種狀況的補救方法。他們更進一步認識到，若從《聖經》和善惡之爭的啟示來看，所有議題都變得有意義。復臨教育工作者所面臨的問題不是找到與知識中心相關的模式，而是應用他們所知道的知識。

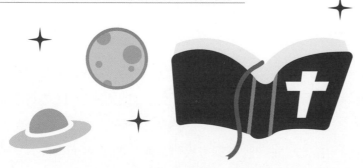

　　包括復臨機構在內的基督教學校，其課程經常是「結合了自然主義思想與《聖經》真理的大雜燴。」弗蘭克・蓋柏林（Frank Gaebelein）聲稱，這會導致形成一種「學術精神分裂症，因為正統的神學與那些非宗教學科在一般世俗機構的教導，兩者之間是格格不入的。」[9] 復臨學校的課程設計者所面臨的挑戰是超越一般專注於零散知識的課程觀，去找到一種方法，將知識的細節清晰又有目的性的整合到《聖經》的框架中。這個工作會使我們達到真理的合一性。

真理的合一性

　　基督教課程的基本論點是「上帝就是一切的真理。」[10] 從《聖經》的觀點來看，上帝是萬物的創造主，所以，所有領域的真理都源自於祂。許多人因未能認清這一點，導致眾人在世俗和宗教之間建構出錯誤的二元論（dichotomy）。二元論指上帝只歸屬宗教信仰，其他世俗之事與祂毫無相關。由此觀點推論，科學、歷史和數學的研究基本上是屬世的領域，而宗教、教會歷史和倫理學的研究才是宗教信仰的領域。

　　但這並不是《聖經》的觀點。《聖經》裡記載，上帝是萬物以及科學和數學模式的創造者，也是歷史事件的主導者。從本質上來說，沒有所謂「世俗層面的課程」。約翰・亨利・紐曼（John Henry Newman）指出了這一真理，他寫到，人們以為在思想層面上將「知識

區分為人本和神本、世俗和宗教，並斷定我們在不觸及對方的情況下表達自己的訴求是一件極為簡單容易的事；但實際上這是不可能的。」[11]

　　在基督教課程裡的所有真理——無論涉及自然、人文、社會還是藝術，都必須視為與耶穌基督——就是造物主與救贖主，有著自然相連的關係。確實，有些真理並沒有記載於《聖經》中，例如《聖經》沒有說明原子核物理，但這並不表示它與上帝的自然定律無關，也不代表它應用在人的生活上所產生的作用不會涉及到道德和倫理。基督是萬物的創造者，不僅僅是人們所分類、屬於宗教的那些事物才與上帝有關（約 1：1-3；西 1：16）。

　　所有的真理——若確實是真理，那麼無論是在什麼領域被發現的，皆為上帝的真理。因此，基督教學校的課程必須被視為一個合一的整體，而非一連串片斷、鬆散的主題組合。一旦認可這一觀點，教育就能邁出一大步，創造一種能發展「基督教思想」的氛圍——此種教育環境可以教育出一群能以「基督教方式」思考實體各層面的年青人。[12]

《聖經》在課程中的策略作用

　　整合真理的第二個定論是：《聖經》是基督教學校所有課程項

目的基礎和脈絡。這項定論是將知識以《聖經》為中心、以啟示為
視角的自然產物。正如知識權威的基礎乃是由《聖經》特殊的啟示
而形成的一樣，它當然也是課程建構的基礎。我們在知識論的討論
已經指出，《聖經》並不是一本窮究一切真理來源的書。在《聖經》
內文以外也存在著許多真理，但要注意一個重點，超出《聖經》框
架外的形上學都不是真理。亞瑟・霍爾姆斯（Arthur Holmes）主張：
「《聖經》在教導上的權威性，讓信徒得以專注於一個特定的焦點，
透過其提供的解釋框架（interpretive framework），使他們得見萬物與上
帝的相連性。」[13]

解釋框架的概念在復臨教育中需不斷強調。《聖經》雖未包含
全部的知識，但它確實提供了一個參考框架，可以在其中學習並解
釋所有的議題。不管這個框架是進化自然主義的觀點，或是希臘和
羅馬的經典觀，抑或是《聖經》的世界觀還是其他觀點，它們之間
都有極大的差異。只有依照上帝話語的觀點來教導所有科目，復臨
學校才能稱其為基督教。

埃爾頓・楚布洛德（Elton Trueblood）指出：「問題的重點不在於
你是否提供了宗教課程，因為任何機構都可以提供這樣的課程。相
對的，你應該要問，你的宗教課程帶來了什麼轉變？一個單純的宗
教科系可能相對的產生不了太大作用。教授《聖經》固然很好，但
這只是一個起點；更重要的是應該要將基督教的核心信仰滲入每個

學科之中。[14]

　　弗蘭克・蓋柏林（Frank Gaebelein）提出了同樣的觀點，他寫道：「將靈修和研讀《聖經》視為課程一部分的教育，與一個以《聖經》為整個基督教課程設計之母體的教育，二者之間存在巨大差異，或者換句話說，《聖經》是整個教學和學習的基座。」[15]

　　如果一個教育體系在世俗或宗教領域之間的定義劃分得很清楚，就能合理的在基本的世俗課程中添加宗教元素。甚至還會將《聖經》置於同等重要課程的首位。一旦這所學校的擁護者和教師認定所有的真理都是源於上帝，他們就會謹守這個信念，從而發展一套課程模式，將《聖經》的世界觀滲透到課程的各個方面。

　　按懷愛倫的說法，「救贖的學問是學問中的學問，」並且《聖經》是「書中之書」。[16] 只有對這種「學問」和《聖經》有所理解，才能讓萬事得到最大層面上的意義。鑑於《聖經》的「中心思想」，懷愛倫指出：「每個題目都具有了新的意義。」[17] 懷愛倫附註說明，每一名學生應當獲知《聖經》的「中心主旨，上帝對世界的本意，善惡之爭的起源以及救贖的工作。他應當明瞭那互相爭奪最高權位的兩大主義的本質，並當學習從歷史及預言的記載上考察這兩件主義的工作直至大功告成為止。他也當看出這一鬥爭是如何滲入人生經驗的各個層面；並且在他自己的每一生活行為上，如何顯明他是

傾向於這兩種敵對動機之一；更當看出，不論願意與否，現今他自己正在決定在這鬥爭中要站在哪一邊。」[18]

善惡之爭已經觸及到所有的領域。從消極面來看，我們可以從自然界的傷害、戰爭、歷史、社會領域的苦難以及人文科學對迷失的關注中，看到這種鬥爭。從積極面來看，我們也能發現一種被特意組織而成自然秩序的奇蹟、人類在社會生活中與他人聯繫和關心他人的能力，以及個人對於整體性和意義的深刻願景和渴望。每個人都不禁質疑：「為什麼在一個看起來如此美好的世界中會有邪惡存在？為什麼在如此精心設計的生命中竟然有死亡和悲傷？」

這些問題層出不窮，但是如果沒有超自然力量的幫助，人類在尋求最終答案時是無能為力的。他們可以發現「真理」零散的片段，並建立關於其意義的理論，但只有在上帝道成肉身的真理中，人類的渺小和失落才能找到最終的答案。

上帝的特殊啟示涵蓋了人類重大問題的答案。因此，這一啟示一定會對每項人類的研究提供基礎和背景。課程中的每個主題，甚至人類生活本身，都在上帝的話語中被賦予新的意義。因此，復臨學校必須從《聖經》的觀點來教導每一門學科。

蓋柏林（Gaebelein）在看待這課題的經典論述中建議，我們所

需要的是將學校課程的每個方面都與《聖經》的世界觀「整體化」
（integration）。整體化「是指『將各個部分合成一體』」。[19] 他寫道：
「這個呼籲是要在我們的教育中建立一種完全基督化的世界觀。例
如，我們必須要知道，無論是教科學、歷史、數學、文學還是藝術，
我需要的教師是能將他們的學科都納入到上帝真理的模式之內。」
[20] 亨利・範・杜森（Henry P. Van Dusen）在他的《羅克韋爾演講》(Rockwell
Lectures) 中宣稱，那是宗教在教育中的正確位置，這不是因為教會的
規定，亦不是由傳統而定，而是「因為實體的本質」。[21] 上帝的存
在為宇宙帶來了合一和意義，而祂的啟示也為課程提供了合一和意
義。

　　不幸的是，在最常見的課程設計中，《聖經》或宗教只是眾多主題中的一個，如圖三所示。在該模式中，每個主題都是以自身邏輯為背景進行研究的，並且每個主題基本上都各自獨立。歷史或文學老師不關心宗教，宗教老師也不牽涉歷史或文學，因為他們都只教自己的專業。每個科目都有其領域上明確的定義和傳統方法。這種模式很少研究領域之間的關係，更不用說它們的最終意義了。

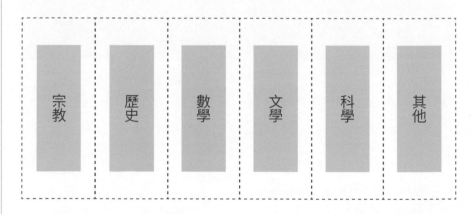

圖三：課程模式：《聖經》作為所有課程之一

　　為了糾正上述問題，有些狂熱的教育改革家走上了另一個極端並且另闢新法，如圖四所示。該模式試圖將《聖經》和宗教納入整個課程，但結果卻是失去了目標，因為《聖經》從來不是一切真理的詳盡來源。它為歷史和科學研究設定了框架，並涉及這些主題，

但它並不是一本可以讓學生理解所有智識領域的教科書。另一方面，儘管《聖經》從未宣稱它在所有可能之真理領域上具充份權威，但它卻是關於救贖學問的教科書，也是為我們這個有秩序卻也失序的當今世界帶來啟發信息的來源。

聖經和宗教

圖四：課程模式：聖經作為全部課程

　　第三個組織方式可標記為基礎和背景模式（參見圖五）。它意味著《聖經》（及其世界觀）為所有人類知識提供了基礎和背景，其整體意義滲入課程的每個領域，使每個主題都加增了《聖經》的意義。這與理查德·埃德林（Richard Edlin）所稱之為「《聖經》的滲透（permeative）功能」相吻合。他指出：「《聖經》並不是在一成不變的人文主義蛋糕上、用來做裝飾的糖霜，而是教育麵包中的發酵劑，從基礎開始塑造整個課程，並滲入到整個學校的項目中。」[22] 圖五提出了一個整合模式，表明復臨學校的教育工作者必須按著聖經觀點的光照來教導每門學科，以理解它完整的含義。

　　圖五中的虛線表明科目與科目之間並無嚴禁的區隔，在神聖與世俗之間也沒有所謂二分法的謬論。雙箭頭表明《聖經》能幫助我們理解課程中的每個主題，而歷史、科學等研究也能闡明《聖經》的意義。上帝藉著《聖經》的特殊啟示彰顯祂自己，也藉著祂所創造的世界、其中的一般啟示來彰顯祂自己。我們唯有透過前者顯明的啟示掌握後者完整的真義，但兩者都能相互闡明，因為一切的真理皆源於上帝。課程內的每一主題都會互相影響，若能將所有的主題都整合於《聖經》的架構中，就能發揮最大的意義。

基督教與課程的重新定位

　　在廿一世紀，教育工作者在開發以《聖經》為導向的課程時必

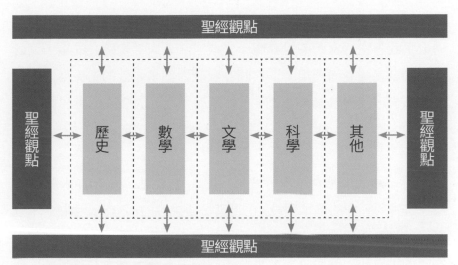

圖五：課程模式：聖經作為課程基礎及背景之整合模式

會面臨的挑戰之一，就是瀰漫在當代社會的各種世界觀，包括後現代主義的世界觀，它聲稱現實中並不存在所謂真正的世界觀，所有的世界觀或宏觀的敘事都是人類所建構。但是，這種主張本身就是以明確的形上學和知識論為前提的世界觀。[23]

　　這種想法帶出了一個問題，即證實大多數人都普遍缺乏自我意識。哈里・李・坡（Harry Lee Poe）在面對這議題時寫道：「學校的每門學科都做出許多的假設，並以未經檢驗和挑戰的預設來發展其內容。」而且我們始終都是這樣運作。假設和預設已經成為生活結

構裡盤根錯節的一部分，以至我們對這些線索毫無警覺。這些線索構成了我們生活文化的世界觀，變成了『人人都知道』的事，因此未經測試就接受而應用了。它們在我們內部是如此的根深蒂固，以至於我們很少會注意到它們。」[24] 簡而言之，許多人的世界觀是潛意識的，是大文化的一部分，是無需受到質疑就被接受的觀念。

另一方面，哈利・李・坡（Harry Lee Poe）表示：「在人們的普遍思維裡所固守的基本假設，正是基督所挑戰的部分。」[25] 顯然，《聖經》的世界觀與大文化主導下的思想經常是互相矛盾的，各宗教有不同的世界觀，甚至基督教也有不同的世界觀。當人們意識到這些差異時就會產生社會學家彼得・伯格（Peter Berger）所稱的「意識的衝突」，[26] 以及哲學家大衛・納格（David Naugle）所稱的「世界觀的戰爭」。[27]

由此觀點來看，依照其本質而言，以《聖經》為基礎的課程是對其他課程的組織方法提出挑戰，並建議復臨學校要在學科上進行根本性的重新定位。復臨教育工作者必須持守的要點是，復臨學校在任何主題上的教導不該是非基督教學校的修改版，而是要在基督教的哲學框架內對該主題進行根本性的重新定位。

選擇以文學研究來審視課程根本性的重新定位是個不錯的起點。[28] 文學研究在所有學校系統中都佔有至關重要的地位，因為文

學致力並試圖回答人們最重要的問題，揭示人類的基本欲望、心願和挫敗，並深入了解人類經驗。文學研究除了能提高審美的感知之外，還能在心理學、哲學、宗教、歷史和社會學等領域上使人們產生歸納性的見解。文學研究也能針對一些主題，如人性、罪惡以及人類生存的意義和目的等提供信息。

　　文學研究的影響比其他課程更為強大，因為它是以人類的情感認同來傳達一套事物。也就是說，它能同時在情感和認知層面上接觸人。從最完整的意義上來說，文學內容是具有哲學和宗教性質的，因為它涉及哲學和宗教的課題、問題和答案。因此，文學研究在課程結構中占有中心地位，為宗教價值觀的教學最有力的教育工具之一。

　　世俗主義者約翰・史坦貝克（John Steinbeck）在他的經典著作《伊甸之東》（East of Eden）中闡明了崇高文學的核心意義：「我相信世界上有一則故事，除此以外別無其他……人類陷入了善與惡的困境，其中包括生活、思想、慾望和野心、貪婪和殘酷、善良和慷慨……除此之外再無別的故事可說。」[29]

　　儘管可能沒別的故事可言，但對於該故事的含義肯定有多種解釋。從世界的視角來看，史坦貝克認為是完全無望的。儘管在這一過程中充滿希望，但結局終舊是悲慘的。相反的，儘管存在嚴重的

問題，但《聖經》卻突顯了希望。它也探討了那個「唯一的故事」，但不同的是，《聖經》以啟示性的見解來洞察為何這世界成了宇宙善惡之爭的戰場。

復臨學校文學老師的責任，是要幫助學生培養批判性的閱讀能力，使他們可以根據善惡之爭來領會指定閱讀之作品的含義。[30] 文學研究不只是供人漫遊在藝術的領域中。艾略特（Eliot）指出，我們閱讀的內容會影響「我們整個人……雖然我們可能只是出於『娛樂』或『審美樂趣』而閱讀文學，但這種閱讀永遠不會只影響某種特殊感官：它會影響我們的道德和宗教信仰。」[31] 藝術沒有所謂的中立。復臨學校在文學研究上，不僅要幫助學生從古往今來偉大作家身上學習知識，還要幫助他們能更加清晰和敏感地看待善惡之爭的問題。

在這種背景之下，《聖經》提供了一種超越人類洞察力的解釋框架。懷愛倫認為，從《聖經》的「主要中心主題」來看，「包括文學在內的每個主題都具有新的意義。」[32]《聖經》是一本很實際的書。那些一方面無視邪惡、又頌揚邪惡的文學極端主義，是既不真實也不誠實的，所以也沒有任何可行的正義概念。基督徒的挑戰是，如何在文學研究中引導讀者了解人性的現實面，並了解這世界實際上已經充滿了罪惡和苦難。然而，這些都無法超越那一位慈愛之主所賜下的希望與救贖之恩。

　　文學教學的詮釋功能通常以兩種不同的方式呈現（參見圖六中的圖 A 和圖 B）。圖 A 代表一種課堂上的教學方法，它強調作品的文學特質，並不時使用《聖經》或以聖經觀點作為補充。這種方法和非基督教機構教授文學的方法比較下，兩者之間唯一的區別是增加了《聖經》的見解。

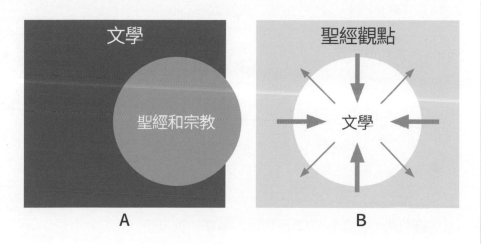

圖六：聖經觀點納入文學課程的背景模式

　　圖 B 描繪了在聖經觀點架構下的文學研究，以及人類普遍困境和個人困境的影響。它從基督教獨特的角度詮釋文學，以此來點出當今世界的異常和上帝在這個世界的作為。使用這種方法來教學，就能使基督教機構的文學研究比世俗的學校更為豐富；而非基督徒因為缺乏《聖經》中有關罪惡和救贖的重要觀點（在洞察力和解釋方面），在詮釋上是有所欠缺的。這不是說情節和風格之類的文學元

素不重要，而是在基督教的背景下，它們並不是文學研究最重要的層面。

另外要注意的是，在圖 B 中，箭頭表示《聖經》的觀點與文學研究之間的一種雙向交流。《聖經》的世界觀幫助我們闡釋文學，而文學見解也幫助我們更加理解宗教真理背景下的宗教經驗。

復臨教師必須幫助學生超越故事的範疇，以了解日常生活的真知灼見。弗吉尼亞・格拉比爾（Virginia Grabill）寫道，在基督教機構中進行文學研究，其功用是為了幫助學生學習如何「思考」生活問題——他們個人的身分和目標、善與惡、正義與寬恕、美麗與醜陋、性慾與靈性、野心與謙卑、喜悅與痛苦、純潔與內疚等等。[33]

魯益斯（C.S. Lewis）寫了類似的觀點，他寫道：「信教所得到的次要收穫之一是終於能夠看到我們從小讀到大的、所有文學作品的真實要點，那是之前所忽略的。」[34] 在一所基督教學校中，文學學習的目標不是傳播知識，而是培養一種技能：有能力進行批判性的思考，以及從《聖經》的世界觀詮釋對文學的理解。

我們花了大量時間探討在基督教課程下、重新定位的文學研究。我們也可以使用相同的方式對歷史和社會研究進行觀察。基督教課程中的歷史課是根據聖經信息來看待的，因為上帝尋求在人類

身上實現祂的目的。《聖經》對於自亞當墮落以來一直到耶穌第二次降臨期間所發生的事件提供了解釋的框架。《聖經》不是一本全面的歷史教科書，而是一本著重於救贖的歷史書。一般的歷史和《聖經》所說的事件、預言和考古學當然有會有交匯點，但是，基督教的歷史老師明白這些特殊的交匯點並不是《聖經》的重點，因為《聖經》在他所教授的學科中，其主要功能是提供理解的觀點。

在復臨學校其他的課程中，例如生活、物理和社會科學、體育或農業也等同視之，《聖經》提供了一個可以理解這混亂世界的框架，使學科不致淪落成零散與片面的知識。《聖經》提供的模式，為學者未知未解的細節賦予了有意義的解釋。因此，《聖經》是整合人類所有知識的基座。

這一事實在科學領域尤為重要，過去一個世紀已證明科學領域是有史以來最重大的文化戰爭之一。不幸的是，那些與廣義、宏觀的進化論（macroevolution）有關和未經證實的「假設」[35] 經常被認定為事實，然後大多數的學校都以這些假設作為解釋科學的框架。

基本問題：宏觀進化論與《聖經》創造論兩者的宇宙論是不相容的。後者以完美的創造開始，接著是人類墮落於罪惡中，然後轉移到上帝除去墮落結果的解決方案。但是宏觀進化論的情形與《聖經》的創造截然相反。從宏觀進化論的角度來看，所有生物都是單

純的有機體，然後經過了物競天擇的過程產生進化。在該模式中，
世人毋需拯救和復原。

　　《聖經》對自然歷史的解釋框架源自〈創世記〉。〈創世記〉
記載上帝在六天內創造了地球，並且祂以自己的形象造了人類。〈創
世記〉中、創世敘述的基本真相使宏觀進化（上帝沒有參與其中）或有
神論的進化（將上帝限制為單純進化過程的發起者）沒有容身之地。復臨
學校必須是絕對的創造論主義者。《聖經》的形上學是復臨教會選
擇設立復臨教育的根本基礎。

　　將人類的知識整合到《聖經》的框架中是重要的，但是必須以
謹慎和智慧來促成。蓋柏林（Gaebelein）在討論如何將基督教觀念與
眾研究領域的主題之間發展出相關性時，指出了一些必要的注意事
項。他看出這裡隱藏了一個非常危險的陷阱，就是把強迫結合的關
聯性錯待為一種整合，這種強迫結合的關聯性並非真正存在於所討
論的主題中。即使是出於基督徒的熱誠，這種牽強附會的關聯，不
但不會有好的結果，反而會造成極大傷害，因為它給人的印象是，
特意將特定的主題與上帝的真理結合起來，只是為了滿足工作的需
要。

　　我們所需要的是一種能更易於解決問題的方法，以及能更深切
地體會我們在運用上的限制。埃米爾・布魯納（Emil Brunner）提出一

個有效的建議。他認為，論到我們因罪惡而歪曲的思想，最適合的科目就是神學、哲學和文學等領域，這些都是非常貼近人與上帝之間關係的研究，也最容易因墮落而大大扭曲。因此，它們最需要被糾正，因它們與基督教的關聯度最高。但是，當我們從人文轉到科學和數學時，這些科目跟罪惡的問題完全沾不上邊。所以，老師在教導那些較為客觀的學科時，尤其是基督徒的數學老師，不需要像那些教授心理學、文學或歷史領域的同事們一樣，提出那麼詳盡而有系統的互聯性。[36]

蓋柏林（Gaebelein）並非意指基督教與諸如數學之類的主題之間無關聯，而是其本身關聯性較少、也較不明顯。[37]基督徒教師會利用這些微小的關聯性，但不會以刻意的方式強加整合。

但是，相較於文學和社會科學與基督教信仰的整合，數學和物理科學與基督教信仰融合更為重要，因為許多學生深信這些學科是屬於客觀、中立、實用的；它們沒有哲學的前提、對實體的偏見或對宇宙學的涉入。可是，數學和一些所謂硬科學的研究，卻是完全陷入偏見和假設之中。

以數學為例，就如基督教一樣，它也是建立在無法證明的假設之上。此外，諸如宇宙的有序性、實證觀察的有效性之類的假設，

都是形上學和知識論的前提，它們是科學的基礎，但卻遭到東西方文化背景下、許多現代和後現代人的駁斥。在授課中清楚說明這些假設是必要的，因為這些假設通常被視為既定的事實，並且一般學生也覺察不出來。這些學生從小就被教導對科學和數學深信不疑，毫無批判之心，而不是被教導認可科學與數學皆為創造主所造的真實面。這種整合在小學、中學和初入大學初期最為普及，因為這階段的課程為理論力學和高級微積分等複雜課程提供了知識背景。

基督教的數學和科學老師們也當用創意和自然的方式將這些學科的主題和宗教整合。例如，當數學涉及到諸如無限大和日常生活中其他數字的存在——從音樂到晶體學和天文學，數學無疑與基督教信仰是有關聯性的。數學精密的世界就是上帝的世界。因此，數學並不超出上帝真理的範疇。[38]

在結束此段對於課程的重新定位議題之前，我們需要強調，對於復臨教育工作者及其擁護者而言，最重要的是要認識到《聖經》的世界觀必須主導我們學校的課程，以確保這些課程是屬乎復臨教會的，而非只是掛名而已。復臨教育學者必須捫心自問：我，作為復臨學校的老師，若是在教授的方法與素材上都與公立學校無異，那我有什麼權利支領復臨信徒辛苦賺來的錢呢？答案既明確又懾人。復臨教育若沒有在藝術、科學、人文以及工作領域上提供《聖經》方面的理解，就不是屬乎基督教的。復臨教育的主要目的之一

必須是幫助學生進行基督化思考。

均衡的課程

　　復臨學校除了有它特定的主題領域之外，還有一個更大的問題是課程計畫的整合，使學生藉此能在各種屬性上得到平衡的發展，回復到他們按上帝形象受造時的狀態。在之前討論學生本質的篇章中，我們了解到人類的墮落，人們在靈、智、體、群方面都遭到大幅度的破壞。我們還看到，教育基本上是拯救和復原的媒介，上帝要藉此向教育工作者尋求合作，使墮落的人恢復到原來的狀態。

因此，在課程上必須建立出整體性的平衡，以利恢復的工作。它不能只專注於心理發展或職業準備。它必須使每個學生在體育、群育、職業以及智育等需求上具有全人的發展。

不幸的是，傳統教育幾乎只專注於智育。希臘的唯心主義為兩千多年的錯誤教育打下了基礎。這些錯誤的教育忽略了身體發展和職能訓練。

相比之下，《聖經》既不反對身體發展也不反對職能訓練。畢竟，上帝創造了一個祂稱之為「甚好」的物質世界（創 1：31），也將在末日使人類在肉體上經歷復活（腓 3：21；帖前 4：13–18）。此外，耶穌受訓成為木匠，而富有的使徒保羅也受訓成為帳篷製造者，儘管他並不需要做這行業。

但是，當基督教神學與希臘思想融合時，這些聖經原則便在基督教早期教會中變得模糊不清。這導致了一些不符合聖經教育的理論和實踐。

十九世紀經歷了一場改革浪潮，呼籲回歸均衡的教育。懷愛倫談到了需要進行的改革。實際上，這是她教育哲學的核心。我們在《教育論》（Education）的第一段話當中看見她寫道：「真教育是靈、智、體，各方面能力諧和的發展。」[39]

　　為了使個人有全人的恢復，復臨教育不能忽視身心之間的平衡。這種平衡的重要性體現在一個事實上，那就是身體是容納大腦的地方，人們必須使用大腦才能做出負責任的屬靈決定。只要人的任何一部分受到影響，都會影響整個人。個體是整體的單位，復臨學校的課程必須滿足他們所有的需求，以確保他們達到了整體性並以最高效率運作。懷愛倫在談到傳統教育的失衡時寫道：「在獲取知識文化的急切努力中，體育和道德訓練都被忽略了。許多年輕人在學校學習之後，道德淪落了、身體力量衰弱了、對實際生活一無所知、幾乎沒有力量去履行職責。」[40] 懷愛倫的均衡教育很重視實際生活的各個層面。因此，她這樣寫道：「為了自己的身體健康和道德福祉，即使沒有缺乏，也應教導兒童工作」[41]

　　在學校的課程中，正式與課外活動的平衡也同樣重要。這包括多元化的團體和活動，例如社團、音樂小組、體育、工作經歷、學校出版物等，所有這些都必須符合學校的宗旨，並與基督教信息融為一體，將其視為正式課程，以確保學校不會給學生、支持者和旁觀者傳達出完全不同的信息。復臨學校在非正式課程方面有兩個主要任務——選擇適當的活動，以及制定所選擇之活動的實施準則。這些任務都必須基於《聖經》的價值觀。

　　這一思想將我們帶入了整個課程的價值教育主題上。阿瑟・霍爾姆斯（Arthur Holmes）提出一重要觀點，他強調「教育與價值傳遞

有關」。[42] 價值觀問題是當今許多教育衝突的核心。我們在大多數
的地方，包括學校在內，會看到違背《聖經》教義核心的一種道德
相對主義。當現代文化失去了永恆上帝的概念時，它也失去了存在
於時間、個人和文化的普世價值觀。羅納德‧納什（Ronald Nash）斷
言「美國的教育危機不僅僅是一種思想危機，而是『心』的危機，
即價值危機。」[43] 這種危機不僅存在於學校之中，它在公共媒體中
也顯而易見，並且經常宣揚非基督教、甚至反基督教的價值觀。

這些都是復臨學校不能忽視的事實。好消息是，在《聖經》框
架內運作的基督教教育工作者，比其他取向的教育工作者更具有策
略優勢，因為他們的價值體系具有知識論和形上學的基礎，這是其
他人所沒有的。正如羅伯特‧帕茲米諾（Robert Pazmino）所說：「基
督教教育工作者可以提出更高的價值，因為他可以回答接下來的問
題：人是什麼？他們的最終目的又是什麼？人類活動的意義和目的
是什麼？或說誰是上帝？這些問題都可以得到肯定與明確的回答，
這是在信仰之外所達不到的。[44]

帕茲米諾還指出了價值等級的存在。屬靈價值在評估道德和美
學以及科學、政治和社會領域的選擇上提供了背景。[45] 在這種情況
下，基督教教育工作者必須根據《聖經》的價值觀，有目的性的開
發出正式和非正式的課程。《聖經》的價值體系是基督教教育的基
礎。

　　而且，我們需要注意的是，在以《聖經》為基礎的學校體系中，它所教導的價值觀不僅與個人決策有關，還會反映在社會整體上。就像舊約的先知一樣，復臨教育將在不公義的世界中引發與社會正義有關的重大問題，因為《聖經》的價值觀不僅涉及到信徒的私人世界，也涉及到公眾的世界。

　　當我們以各種複雜的形式看待基督教課程時，我們絕不能忘記在形上學、知識論、價值論和我們個人生活中的善惡之爭。基督與撒但之間的衝突清楚的暴露於課程中。每一個復臨學校都是一個戰場，基督的力量正在這裡受到撒但軍隊的挑戰。其結局在很大程度上取決於復臨學校對《聖經》的態度。如果復臨學校要成為真正屬乎基督的，那麼《聖經》的觀點就必須成為所做之工的一切基礎和背景。

問題與思考

1 討論《聖經》在基督教教育中如此重要的原因。

_____

_____

_____

_____

_____

2 赫伯特‧斯賓塞的問題（什麼是最有價值的知識？）以什麼方式幫助我們理解基督教課程？

_____

_____

_____

_____

3 以真理整合的課程，其意義是什麼？

_____

_____

_____

_____

_____

_____

_____

4 當我們說《聖經》是基督教課程的基礎和背景時，這意味著什麼？

_____

_____

_____

_____

5 為什麼必須對基督教學校的課程進行大幅度的調整？重新定位對教學有何意義？

_____

_____

_____

_____

_____

6 當復臨教育工作者論到均衡的課程時，其意義為何？

_____

_____

_____

_____

_____

註釋

1. Daryl Eldridge, "Curriculum," in Evangelical Dictionary of Christian Education, ed.Michael J. Anthony (Grand Rapids, MI: Baker, 2001), 188.

2. Les L. Steele, On the Way: A Practical Theology of Christian Formation (Grand Rapids, MI: Baker, 1990), 186.

3. Herbert Spencer, Education: Intellectual, Moral, and Physical (New York: D. Appleton,1909), 1–87; see especially, pages 10 and 11. 55

4. Ibid., 13–14.

5. Ibid., 63, 84–86.

6. Mark Van Doren, Liberal Education (Boston: Beacon Press, 1959), 108.

7. Alfred North Whitehead, The Aims of Education and Other Essays (New York: Free Press, 1967), 7.

8. C. P. Snow, The Two Cultures: And a Second Look (New York: Cambridge University Press, 1964).

9. Gaebelein, "Toward a Philosophy of Christian Education," 41.

10. Holmes, All Truth Is God's Truth.

11. John Henry Newman, The Idea of a University (Notre Dame, IN: University of Notre Dame Press, 1982), 19. On the false dichotomy between the sacred and the secular, see George R. Knight, Myths in Adventism: An Interpretive Study of Ellen White, Education, and Related Issues (Hagerstown, MD: Review and Herald, 2009), 127–138.

12. Harry Blamires, The Christian Mind (London, S.P.C.K., 1963); Holmes, All Truth Is God's Truth, 125.

13. Arthur F. Holmes, The Idea of a Christian College, rev. ed. (Grand Rapids, MI: Eerdmans, 1987), 18; emphasis added.

14. Trueblood, "The Marks of a Christian College," 163.

15. Gaebelein, "Toward a Philosophy of Christian Education," 37.

16. White, Education, 126; White, Counsels to Parents, Teachers, and Students, 442.

17. White, Education, 125.

18. Ibid., 190.

19. Gaebelein, The Pattern of God's Truth, 7.

20. Ibid., 23.

21. Henry P. Van Dusen, God in Education (New York: Charles Scribner's Sons, 1951), 82.

22. Richard J. Edlin, The Cause of Christian Education (Northport, AL: Vision Press, 1994), 63–66.

23. See Harry Lee Poe, Christianity in the Academy: Teaching at the Intersection of Faith and Learning (Grand Rapids, MI: Baker, 2004), 22–23.

24. Ibid.

25. Ibid., 22.

26. Quoted in Naugle, Worldview: The History of a Concept, xvii.

27. Ibid.

28. For a fuller treatment of the topic of literature in the Adventist curriculum, see Knight, Myths in Adventism, 153 –174; Knight, Philosophy and Education: An Introduction in Christian Perspective, 4th ed., 229–233.

29. John Steinbeck, East of Eden (New York: Bantam, 1955), 355.

30. A helpful aid to reading in Christian perspective is James W. Sire, How to Read Slowly: A Christian Guide to Reading with the Mind (Downers Grove, IL: InterVarsity, 1978).

31. T. S. Eliot, "Religion and Literature," in The Christian Imagination: Essays in Literature and the Arts, ed. Leland Ryken (Grand Rapids, MI: Baker, 1981), 148–150.

32. White, Education, 125, 190.

33. Virginia Lowell Grabil, "English Literature," in Christ and the Modern Mind, ed. Robert W. Smith (Downers Grove, IL: InterVarsity, 1972), 21. 56

34. Quoted in Frank E. Gaebelein, The Christian, the Arts, and Truth: Regaining the Vision of Greatness (Portland, OR: Multnomah Press, 1985), 91–92.

35. Macroevolution is defined as "large scale change in organisms resulting in new species,genera, families, etc. " (http://carm.org/evolution-terminology, accessed May 10, 2012) occurring over long time periods.

36. Gaebelein, "Toward a Philosophy of Christian Education," 47–48.

37. For Gaebelein's discussion of the integration of Christianity and mathematics, see The Pattern of God's Truth, 57–64.

38. For one of the more sophisticated treatments of the practical aspects of the integration of the sciences, mathematics, and other fields with Christianity, see Harold Heie and David L. Wolfe, eds., The Reality of Christian Learning: Strategies for Faith-Discipline Integration (Grand Rapids, MI: Eerdmans, 1987).

39. White, Education, 13. See also Ellen G. White, Christ's Object Lessons (Washington DC: Review and Herald, 1941), 330; White, Fundamentals of Christian Education, 15, 42.

40. White, Fundamentals of Christian Education, 71; cf. 21.

41. Ibid., 36.

42. Holmes, Shaping Character, vii.

43. Ronald H. Nash, The Closing of the American Heart: What's Really Wrong with America's Schools ([Dallas]: Probe Books, 1990), 29–30.

44. Robert W. Pazmiño, Foundational Issues in Christian Education: An Introduction in Evangelical Perspective, 2nd ed. (Grand Rapids, MI: Baker, 1997), 99.

45. Ibid., 101.

第 5 章

這是個鼓舞人心、啟發心靈、
賦予靈性的提醒，
期喚醒人對教育真諦的追求。

第 6 章

EDUCATING
for ETERNITY

第 6 章 教學法的考量

在教育哲學中，教學和學習方法的最主要關鍵處，就在於該觀點所持的教育目標，以及該目標所依附的形上學和知識論框架。復臨教育的目標不只是累積知識、擁有自我意識以及能成功地應對環境。這些在其他教育體系原來就有的課程，復臨教育一定也要確實教授，但除此之外，它還有更深遠的目標，那就是聚焦於修復個人與上帝以及個人與他人之間的關係，並在其中恢復上帝的形象。復臨教育工作者選擇的教學法必須將這些卓越的目的納入考量。

但是，復臨教育不必為了因基督教是獨特的宗教、基督是獨一無二的個體，所以特意創造出獨特和原創的教學方式。顯然，其他外面學校的教師會用的教學法，復臨教育工作者也許不會全盤使用，但他們也跟外面其他老師一樣能運用自如。然而，他們更傾向於選擇並著重那些最能幫助學生發展基督化品格，並達到復臨教育其他目標的教學法。

教育、思考、自我控制和紀律

基督教品格發展的核心課題是使人明白，人類不僅是深諳賞罰之道的動物。《聖經》描寫人類是按照上帝的形象所造，甚至在墮落的狀態下也具有反思能力。

因為人類能進行反思，所以他們可以對自己的行為和命運做出有意義的決定。復臨學校的學生須學習自己思考，而不是像動物一樣被動地接受訓練以應付環境的刺激。人類按上帝的形象受造，是為了要訓練出一個有「有思想的人，而不是一個只會隨聲附和之人」。[1]的確，在人類學習的過程中，勢必會使用一些訓練的手段，但是這些方法通常僅使用在孩子幼年的階段、或有智力障礙的人。如下所示，最理想的教育是能使所有學生盡快從訓練過程過渡到更具反思性的教育過程。

復臨教育的核心目標是使學生具有思考和反省能力，而不是只會對權貴俯首聽命。復臨教育的核心與紀律是自我控制，而不是靠外部的強加控制。懷愛倫寫道：「對於已達智力成熟年齡之人所有的教育，自然與訓練蠢笨無知的禽獸不同。對於牲畜，只要教它順服主人，因為主人就是它的思想、判斷和意志。有時人用這種方法來訓練兒童，就不啻使他們變成了機械人。他們的思想、意志和良心，都在別人的控制之下。上帝的本旨並不要人受這樣的統治。凡

消弱或摧殘個性的人，他們所負的責任，其結果必是不良的。兒童在權勢之下，也許會像受過良好訓練的兵士，但一旦中止其管束，品格上就必顯出缺少能力和堅毅來。青年人既從未學習自治，於是除了父母和教師的命令之外，就不知有何拘束了。一旦撤消這種管束，他們就不知道怎樣去運用他的自由，反而往往甘於放縱而自取滅亡。」[2]

　　正是出於這個原因，懷愛倫不厭其煩地指出：「訓育的目的就是訓練兒童自治；當教導他自信、自治。因此，兒童一到能懂事的時候，他的理智就當運用在順從這一方面。須使之在一切所受的待遇上，能認識順從乃是公正合理的，幫助他看出凡事都在規律的統制之下；悖逆的結果，必至遭受災害。」[3]

　　請留意，在以上的引文中，懷愛倫將教育、思考、自我控制和紀律聯繫在一起。這是一項重要的見解，也是我們經常忽視的。實際上，大多數人視紀律等同於懲罰，但是它們是兩個截然不同的概念。理想情況下，只有在紀律失敗之後才使用懲罰。懲罰是一種負面消極的補救手段，而紀律是正面積極的，是培養基督徒品格的核心。

　　在基督化的教育方法中，學生的思考力必須被提升到能為自己做決定，並能為自己的選擇負責的境界，而非持續受制於權威的哄騙、指揮或強迫。當這個目標得以實現時，表示他們的內在已經具有思考和引證思考而行的能力，如此，人們已然達到了道德成熟的境界。他們不再受控於他人，而是能知道要如何對上帝和其他人做出自己的道德決定。這就是人按照上帝形像而造、自我控制的作用。精神科醫生埃里希・弗洛姆（Erich Fromm）寫道：「成熟的人能擺脫父母成為自立之人。」[4]

　　紀律不是以任何權威之化身壓制孩子，而是要成年人幫助孩子學會為自己做決定。美國廿世紀最有影響力的哲學家約翰・杜威（John Dewey）在他的論點上反映了這一點，他寫道：「一個受過訓練的人會思考自己的行為並願意承擔其果，就是一種紀律的表現。在面對困惑、混淆和困難種種壓力之下，還有能力承受並做出明智選擇的，就表示你擁有自律的本質。紀律意味著掌握命令；掌握可

用於執行所採取行動的資源。知道自己要做什麼，運用必要的方法並及時採取必要的措施，這就是自律。」[5]

以自我控制為紀律之概念，已深植於基督教的品格發展、責任感和毅力的概念中。我們在之前提到過，品格的發展是復臨教育的主要目標之一。品格的發展和紀律密不可分。懷愛倫寫道：「品格的力量由兩件事組成——意志力和自我控制力。」[6]

此外，意志「乃是人本性上的統治力，也就是人決斷或選擇的能力」。[7] 在家庭和學校中，基督化紀律的部分功能，是引導、塑造意志的力量。

內部紀律所關注的是要讓兒童透過做出選擇並體驗其後果來發展兒童的意志。亞瑟・科姆斯 (Arthur Combs) 指出：「責任感是從給予（being given）責任中學習的。剝奪它就永遠學不會……要學會負責任，就必須允許做決定的權力、觀察結果並學習應對這些決定的後果。但是，這樣做需要冒險，這對許多教師和行政人員而言是一個可怕的措施。」[8]

然而，允許世人犯錯也來自上帝的本質和祂的愛。祂創造了一個有犯錯之可能性的世界，祂本可以創造一個萬無一失的世界，但代價是——人類不是按照祂的形象被造的。一個沒有真正選擇的人

是機器人，而不是有自由意志的個體。
上帝創造人類的方式使品格發展成
為一種明確的可能。重點是要記
住──當人們沒有做出錯誤選擇
的自由時，他們也沒有能力做出
正確的選擇。如果藉著減少選
擇權來不斷地控制他們，那麼
他們就無法發展品格。如此，
從本質上來說，它們只是設計
複雜的機器，而不是按照上帝的
形象所造、具有自由意志的個體。
愛與自由是危險的，但這是上帝選擇讓
宇宙運作的方式。

在基督教的框架中，缺乏紀律的解決之道不是採取更大、更好
的策略來控制年輕人，而是有意識地發展和運用技巧來建立每個孩
子的自我控制和責任感。如果我們以權威的方式設法製造安靜、有
秩序和順從的學生，卻犧牲他們聰明的行為、責任感和創造力，我
們將一無所獲。

培養他人的自我控制能力並非易事。懷愛倫寫道：「這乃是交
託給人類最煞費苦心的工作；它需要最縝密的機智，最敏銳的感情，

熟悉人性的知識，以及天賦的信心與忍耐。」[9]

以《聖經》為基礎寫下的復臨教育書籍屈指可數。最好的入門書是閱讀懷愛倫所著的《教育論》[10]（Education）中的「訓育」一章。[10] 這也許是她在教育領域中寫過最有見地的篇章。它深植於基督教哲學，是闡述方法論的榜首。若教師們在整個職業生涯中，每週閱讀這九頁的內容，將豐富他們的教育事工。以下是該章的一些範例：

- 「賢明的教育家，在應付學生的事上，必設法鼓勵信任之心，並激發學生的榮譽感。信任兒童及青年，乃是對於他們有益的。……懷疑是敗壞人的，適足以造成所欲防止的罪惡。……一種毫無同情之批評的氣氛乃是極其有害的。」[11]
- 「只有等到那犯錯的人受到指示，看出自己的過失，並自願改過的時候，譴責的真目的才算是達到了。完成了這一步之後，就當向他指出那赦罪和能力的根源。」[12]
- 「有許多被認為是怙惡不悛的青年，實際上他們的心並不像外表那樣的頑固。有許多被認為是毫無希望的，或許可用賢明的訓育方法來予以矯正。這些人往往是最容易受仁愛的感化。教師當設法博得那被試探者的信任，發覺他品格上的優點並加以培養，這樣，往往就可以在潛移默化中改正了他的惡習。」[13]

　　這些救贖紀律的挑戰和可能性乃是與基督所做的事工一致，即尋找失喪者，並重塑那些藉祂得以與上帝建立關係之人的品格。吉姆・羅伊（Jim Roy）的《靈魂塑造者》（Soul Shapers）[14] 以一種非常實用的方式闡述了救贖紀律的許多原理，其中描述了建立復臨教育實踐基礎的方法。

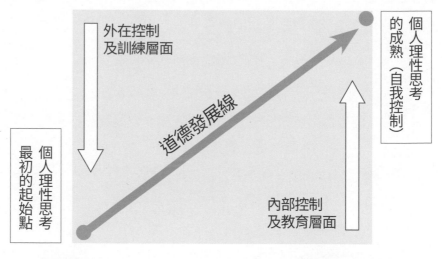

圖七：紀律發展模式

　　圖七描述了將紀律逐步內化的一種模式。它以一般方式說明了內部和外部控制與斷絕過程之間的關係，而斷絕過程是救贖紀律的目標。嬰兒和年幼的孩子需要大量的外部控制，但是成熟過程應該是漸進的放大自我控制和縮小外部控制，直到孩子達到道德成熟的程度。到那時候，他們已準備好在成人世界中成為負責任的人。因

此，基督教紀律既是積極的力量，也是解放的力量。德容 (A.S. De Jong) 指出：並不是要「壓制或折損孩子，而是要提升或治癒他；為此，紀律的施行只為了釋放自由，訓練孩子們有能力行使上帝兒女的自由權。」[15] 基督教紀律的最終產物乃是培育出一群年青人——他們「做正確的事是因為他們深知這是正確的，而不是因為某些權威告訴他們要這樣做。」[16]

對教育工作者而言，自我控制的發展與恢復上帝形象之間的關連性具有重大意義，因為他們選擇了適合基督教學校的方法。此概念應作為復臨教育者的篩選工具來選擇課堂的學習和教學策略。他們必須利用那些有助於發展哈羅・范・布魯梅倫 (Harro Van Brummelen) 所謂「負責任的門徒」（responsible disciples）的方法。[17]

超越對委身與責任行為的認知

上述深入討論的觀點是，基督徒的認知不是消極的，而是如我們在知識論所討論的，是一種積極、活潑的體驗。因此，基督教學校的教學方法必須超脫傳遞信息的策略。尼古拉斯・沃爾特斯托夫（Nicholas Wolterstorff）堅決主張，基督教教育必要的的目標是「改變學生傾向（意願，傾於）付諸行動，它必須以學習意願（tendency learning）為目標」。他指出，基督教學校必須超越僅僅教授負責任行為所需要的知識和技能，因為學生可以只吸收這些想法，卻不發展

「參與此類行為的意願」。因此，「基督教教育課程要更進一步，培養孩子擁有適當的傾向（tendencies），以便使學習意願成為其基本目標之一。」[18]

　　唐納德・奧普沃（Donald Oppewal）以《聖經》的動態知識論為基礎，精確地發展出一套教學法。奧普沃視實際行動為目標，提出一套三階段的教學方法，其目的是為了產生豐富的學習經驗。在第一階段的「思考」期，學生接觸到新的學習資料。到了第二階段的「選擇」期，學生對於學習資料可回應的選項有了清楚的認識，也更了解其中的意義。……若說第一階段放大的是學生所面對的學習之事（is），那麼第二階段則側重於應包含在學習之事內的事物 (oughts)。至於到了第三階段的「委身」期，學生則是超越了智識理解層面，也超越了道德和其他層面的思考階段，邁向對於已學習之事和應學習之事委身並付諸實行。奧普沃認為，將委身化作行動，乃是在聖經智識及教導背景之下，所應做出的、最起碼的期待。[19] 至於第四階段，就是只要有機會就將一切所學化為可實踐的「行動」階段。在此階段，為委身而行動的機會也將隨之出現。

《聖經》和教學法

　　《聖經》是基督徒的主要知識來源，它大量提供了有關上帝在教育人類過程中所使用的方法。即使隨意翻閱《舊約聖經》，也不

難發現出古代以色列是如何沉浸在全面的教育環境中，而這種特意
營造出來的環境是為了幫助百姓在靈、智、體、群的發展。該環境
以節期、安息年、歷史紀念日、藝術、家庭教育、公開閱讀律法書
以及許多其他設備建構而成，使他們能處在這種環境中得到終身的
學習經驗。

《聖經》清楚地表明，這種教育環境的用意是為了要喚醒年輕
人探究的想法並產生好奇心。有了這種興趣之後就可以延伸出精心
的教導。請注意看那些對遵守逾越節具有高度象徵意義的指示。摩
西寫到，遵守這個儀式會使年輕人問：「這些儀式是什麼意思呢？」
此時，家裡的長輩自然就有教育的機會，使青年人在思想上體驗一
場有意義的學習之旅（出 12：25–27；又見 13：3–16；申 6：20–25）。

《舊約聖經》的教學法有一個主要原則，那就是不應將訓誨強
加於思想還未成熟的人。相反的，《舊約聖經》使用的教學法是利
用人對某個主題的自然興趣來吸引人們的思想進行動態交流。獻祭
制度是古代以色列整個教育體系的核心，它指向耶穌的生活、犧牲
和事工。該制度具有令人讚嘆的魅力、美學和生命，為古代世界提
供了主要的實物教學課程。它是一種教育工具，透過對感官的吸引
力和所產生的好奇心進行教學。

來到《新約聖經》，我們發現耶穌是終極的教學模範。懷愛倫

聲稱：「在上帝所差來的大教師身上，一切真教育的工作都找到了它的中心。」[20] 我們可以透過研究基督所使用的教學法和祂與人交往的方式，學習許多最好、最適當的方法，將基督的信息得以在學校和其他地方傳播。我們在之前的教學事工篇章中討論了祂的教導與關係層面，在這裡我們的重點將放在祂的教學法上。這一簡短的討論充其量只是對此的介紹，但是，基督教教育者可以透過《聖經》的四福音書對基督的方法進行歸納和分析研究，從而獲得關於該主題的大量信息。懷愛倫所著、有關教育的書籍也對該主題有深刻的見解。[21]

羅伊·扎克（Roy Zuck）指出：「耶穌能成功地成為一位優秀的大教師主要是因為耶穌具有吸引聽眾興趣的魅力。」祂激起「他們學習祂所教導之內容的渴望」[22]，在祂使用比喻、實物教學和具爭議性之問題時尤其如此。

耶穌最明顯的教學法應屬祂對實例的使用。祂最常用的兩種實例形式是比喻和實物教學。《新約聖經》記載，在耶穌的教學當中，比喻的形式就占了很大一部分，其中〈馬可福音〉約占 25%，〈路加福音〉約占 50%。比喻的優點是具體，能吸引人的想像力和內在的興趣。約翰·普萊斯（John Price）寫道：「對事實和論據感到厭惡的人會很願意聽故事。不僅如此，他們還會記住故事的教訓並受它們的感化。」[23]

　　基督比喻的力量有一部分是源於和聽眾息息相關的日常生活。當祂論及迷失的羊、撒種和善良的撒瑪利亞人時，祂是在描述人們日常經歷的事物。比喻能激發興趣、引發思想，當他們在生活中遇到與耶穌曾說過的相關主題時，就能幫助他們想起這些比喻及教訓。

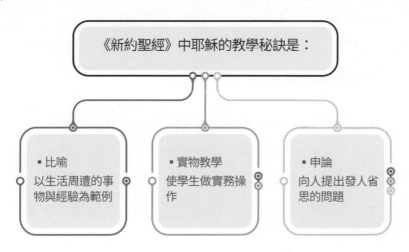

《新約聖經》中耶穌的教學秘訣是：

▪ 比喻
以生活周遭的事物與經驗為範例

▪ 實物教學
使學生做實務操作

▪ 申論
向人提出發人省思的問題

　　耶穌使用的第二種實例法是實物教學。當耶穌站在山坡上時，祂教導了有關憂慮的議題。祂伸手摘下一朵百合花，訴說它的美麗，並教導說「野地裡的草今天還在，明天就丟在爐裡，上帝還給它這樣的妝飾，何況你們呢！」（太6：30）祂使用一個銀錢來教導有關納稅給凱撒的議題，這無疑使祂的教導更加有效（太22：15–22）。

懷愛倫在評論基督的教學法時說：「祂發現比喻和對照是傳講上帝真理最好的方法。祂用自然界的實物和實例，向聽眾揭露屬靈的真理。要不是祂把自己的話與人生、經歷或自然場景聯繫起來，這些原則就會從他們的腦海中消失，幾乎不留下任何痕跡。祂就這樣引起了他們的興趣，引他們詢問，及至充分獲得他們的注意，祂就果斷地使他們銘記真理的見證。這樣，祂就能在人心留下足夠的印象，以致後來祂的聽眾看到祂在自己的教訓中聯繫起來的事物時，便會回憶起神聖教師的話。」[24]

耶穌的另一種教學法是提出發人省思的問題。根據福音書中記載，祂使用 213 個問題來闡明屬靈真理，引出委身的回應並對付詆毀祂的人。關於這最後一點，學生會提出讓老師難以回答的問題。但對此，耶穌却透過提問來回應詆毀者的問題。透過運用這種策略，祂使他們回想自己的問題。在運用這種原則來回應他們一連串設計陷害祂的問題之後，就「沒有人敢再問耶穌什麼」（可 12：34），這就證明祂在運用問題的原則上非常成功。

論到將提問作為學習工具，約翰・馬奎斯（John A. Marquis）寫道：「教學不是告知，因為我們所講的很多內容都不會引起心理反應。因此耶穌習慣於時不時地提出一個問題來打破課堂上的沉默，使他們能坐下來思考。」[25] 基督教老師的目的不是控制思想，而是啟發思想。

　　耶穌的教學法是理論與實踐並用。例如，祂在致力教導門徒之後，會適時地差派門徒出去應用他們所學習的內容（太 10：5–15；路 10：1–20）。毫無疑問，這有助於讓他們看到自己進一步所需要的指導，將成功的經驗牢記於心，並避免他們將理論與經驗抽離。教育的實踐層面是一種最有效的教學法。比起宣講抽象的知識，耶穌更喜歡教導那些對人們日常生活有幫助的知識。在此過程中，祂將理論知識與日常生活、上帝國度永恆的真理以及善惡之爭相結合。

　　對於耶穌的教學法，還有很多可以討論的，但這要留給你作為以後的學習。此時，我們以懷愛倫所寫、具深刻見解的三句話作為結束。第一，「基督總是使用簡單的語言，但祂的話語包含著深奧的意義，並且深入人心。」[26] 第二，「祂使自己的教導適於祂學生的程度。」[27] 第三，「耶穌不厭其煩地重複人們所熟悉的古老真理，」甚至，「祂將伴隨著它們的錯謬分開，」並且「重新將它們放在原來的框架裡」。[28] 最後的引述關乎基督教學法的信息性、綜合性和解釋性功能，這也是我們在研究基督教課程時所強調的功能，該功能必須置於所有復臨教育的中心。

問題與思考

❶ 為什麼說基督教的教學法不見得會是獨一無二的？

_____

_____

_____

_____

❷ 請討論思維、自我控制和紀律之間關係的教育意義。

_____

_____

_____

_____

❸ 紀律與懲罰之間的關係是什麼？

_____

_____

_____

_____

_____

4 老師可以透過那些方式促使學生從認知階段走向負責的行為實踐？

_____

_____

_____

_____

_____

5 我們可以從耶穌傳道的教導中學習哪些主要的教學法？

_____

_____

_____

_____

_____

_____

_____

_____

註釋

1. White, Education, 17.

2. Ibid., 288.

3. Ibid., 287.

4. Erich Fromm, The Art of Loving (New York: Harper and Brothers, 1956), 44.

5. John Dewey, Democracy and Education (New York: Free Press, 1966), 129.

6. White, Counsels to Parents, Teachers, and Students, 222.

7. White, Education, 289.

8. Combs, Myths in Education, 139–140.9.   White, Education, 292.

10. Ibid., 287–297.

11. Ibid., 289–291.

12. Ibid., 291.

13. Ibid., 294.

14. Roy, Soul Shapers.

15. A. S. De Jong, "The Discipline of the Christian School," in Fundamentals in Christian Education, ed. Cornelius Jaarsma (Grand Rapids, MI: Eerdmans, 1953), 397.

16. Dudley, Why Teenagers Reject Religion and What to Do About It, 89.

17. Harro Van Brummelen, Walking with God in the Classroom (Burlington, Ontario: Welch Publishing, 1988), 34.

18. Nicholas Wolterstorff, Educating for Responsible Action (Grand Rapids, MI: Eerdmans, 1980), 15, 14.

19. Donald Oppewal, Biblical Knowing and Teaching, Calvin College Monograph Series (Grand Rapids, MI: Calvin College, 1985), 13–17.

20. White, Education, 83.

21. See, e. g., White, Counsels to Parents, Teachers, and Students, 259 – 263; White, Fundamentals of Christian Education, 47–49; 236–241; White, Education, 73–83.

22. Roy B. Zuck, Teaching as Jesus Taught (Grand Rapids, MI: Baker, 1995), 158. See also Zuck's Teaching as Paul Taught (Grand Rapids, MI: Baker, 1998).

23. J. M. Price, Jesus the Teacher (Nashville: The Sunday School Board of the Southern Baptist Convention, 1946), 101.

24. White, Fundamentals of Christian Education, 236.

25. John A. Marquis, Learning to Teach from the Master Teacher (Philadelphia: Westminster, 1916), 29.

26. White, Counsels to Parents, Teachers, and Students, 261.

27. Ibid., 180.

28. White, Fundamentals of Christian Education, 237.

這是個鼓舞人心、啟發心靈、
賦予靈性的提醒，
期喚醒人對教育真諦的追求。

第7章

EDUCATING
for ETERNITY

復臨教育的社會功能

第7章

在研究復臨教育的社會功能之前，我們需要考慮文化傳播對教育功能的影響。我們在《聖經》中也可發現此一功能。亞伯拉罕之所以被揀選，是因為上帝知道他會忠實的教導自己的家庭（創 18：19）。上帝藉著摩西為以色列人提供了一種可觸及他們生活各個階段的教育體系，就連耶穌的臨別贈言都是：「使萬民作我的門徒。」（太 28：19、20）

教育的策略功能

教育在每個社會中都佔有重要的策略地位，因為所有年輕人都必須透過某種類型的教育經歷準備好自己去承擔社會責任。一個社會的未來取決於當代的青年。他們在社會的發展方向在很大程度上取決於他們所受的教育。因此，教育機構的管控以及這些機構所教授的內容一直是長期倍受關注的社會議題。

喬治‧科奧茲（George S. Counts）指出，「教育政策的制定是為了要守護從現今到未來的大道。自從特殊教育機構首創之後的幾個世紀，國王、皇帝和教皇莫不看重學校的重要地位，就連叛亂者、改革者和先知也不例外。因此，在所有複雜社會中的敵對勢力，他們對於學校控制權的爭奪是顯而易見的。每個群體或派別都力圖將自己敬重的文化傳授給自己和別人的孩子。而每一個特權階級都試圖透過教育來維持社會中的有利地位。」[1]

同樣，科奧茲觀察到，革命的失敗通常代表革命份子無法將教育納入革命起源的服務中。如果不能說服下一代的孩子們接受革命的價值觀，那麼革命本身就不可能比那些企圖說服他們的一小群理想主義者更持久。因此，蘇聯和納粹的歷史表明，革命政府採取的首要手段之一，就是將所有教育機構置於國家的直接控制之下，並使學校在建立新社會中處於中心地位。[2]

當然，類似的邏輯刺激了美國和其他民主教育制度的生成。在這種邏輯中，我們發現了復臨信徒在對面各種形式的教育時所引發重視的源由。懷愛倫寫道：「我們既擁有這麼一大隊的青年，若受了合適的訓練，則那位被釘、復活而又即將降臨之救主的信息，就能何等迅速地傳佈普世！末日，就是痛苦、憂傷、和罪惡的結局，可能何等迅速地來到！我們的兒女又可能何等迅速地便得到那義人必承受地土，永居住其上。」[3]

復臨教育的保守和改革角色

上帝對復臨教育的理想反映出一個兼具保守社會功能和改革功能的理念。從某種意義上它是保守的，它力求傳揚《聖經》中、亘古不變的真理，但它同時也是具改革性的，要求人在這罪惡的世界中成為公義之神的改革推動者。

在後者形勢之下，它試圖透過將世人從他們舊有的生活轉變為基督教生活來改變現狀（status quo）。靈性更新（Transformation）、改變信仰（conversion）、死亡（death）和重生（rebirth）是《聖經》在改變個人生活時所採用的一些詞語，因為基督教改變了人們的生活，使他們從自我中心的導向轉變為以上帝為中心、並且服務祂和他人的生活。

但是，個人層面的改變只是教會革命角色中的一面。它應該也要在這個有罪的世界裡力求社會正義，成為推動更廣泛之變革的一份子。上帝的理想不僅是要供應窮人（太 25：31–46），也包括透過社會改革使地球成為一個更美好的生活之地。

但是，革命的角色還不止於此。根據《聖經》，社會改革儘管有其優點，仍不足以整頓這個因罪惡和人類貪婪之力所驅使的扭曲世界。唯一解決罪惡問題的方法就是《聖經》所說的第二次降臨。

雖然這個真理是在福音書裡提出（太：24），卻是在〈啟示錄〉中顯
明。這本書特別闡明解決地球災難的神聖方法。因此，教會革命功
能的最高點不僅是使人們從有罪的自私變成以服務為主的生活，或
者使他們成為世俗改革的推動者，而是要傳揚信息，幫助世人為歷
史的終結做好預備，並建立一個以上帝原則為基礎的新世界。《聖
經》告訴我們，這個新世界並非來自人類的努力，而是上帝透過基
督的第二次降臨進入人類歷史的結果。那事件將是世界歷史上最大
的事，也是終極的革命。

復臨教會從一開始就具備這個觀點：把自己當作上帝在這場終極革命中的代理人；尤其它的使命就是向世人宣講〈啟示錄〉最核心的三天使啟示信息（啟14：6-12）；這是上帝命令教會在祂第二次降臨將至之前必須宣揚的信息（第14-20節）。這是世界性的信息，呼籲人們回歸對上帝的忠誠，即使人類社會正走向最後的結局。這個信息是那位即將復臨的基督所傳達的，祂不僅要供應窮人，也要消除飢餓；不僅要安慰悲傷之人，也要根除死亡（啟21：1-4）。復臨教會受上帝呼召、向失喪的世界宣講最終的盼望，相比之下，所有其他的希望都黯然失色。復臨教會的中心目的是宣揚最終的盼望。建立復臨學校的主要原因也是為幫助世人做好這樣的預備，並傳揚救主即將復臨的好消息。

在這種革命性的世界末日背景下，復臨教育的保守功能是雙重的：❶傳承《聖經》真理；❷提供一種受到保護的氛圍，使教育能在其中進行傳播，並且能在此以正規課程和非正式教育活動——例如同儕之間的團體和課外活動，來傳播基督教價值觀給年青人，在青年人可塑造的時期教育他們。

基督教會及其信徒在這世上扮演著獨特的角色，他們活在這個世界卻不屬世界（約17：14-18）。自基督時代以來，如何實現這種看似矛盾的立場一直是教會面臨的挑戰。

　　對此矛盾立場抱持分離主義之人，促使教會為青年在其成長時期建立保護氛圍，例如宗教學校和青年團。這些機構成為避難所，使得在復臨家庭的年輕人可以學習技能、態度、價值觀和知識，而不會被大社會的世界觀和文化習俗所壓制。這些活動及其氛圍旨在將復臨教會文化傳遞給年輕一代。父母和教友都願意在財政上支持這種教育，因為他們認識到這種教育在哲學上與大社會的文化環境有所不同，並且他們相信復臨教會的世界觀在形上學、知識論和價值論方面都是正確的。

　　從這樣的觀點來看，復臨學校的主要任務不是要成為一個傳福音的機構來改變非基督徒的信仰（儘管這可能是一個附帶效果），而是要幫助復臨家庭中的年輕人能認識耶穌並跟隨祂。此任務隱含一種明確的認知——如果一所復臨學校中大多數學生不擁護復臨教會的價值觀，那麼該學校的使命很可能無法實現。因此，復臨教育的保守教育任務為培養教會青年提供了一種受保護的氛圍，一個可以從復臨教育哲學角度講授所有價值、技能和知識的環境。

　　復臨教育除了保守功能外，它還有改革作用。在基督教初期，基督偉大的福音使命使祂的門徒往全世界去，「使萬民作門徒」，並向人們傳講祂所吩咐的一切（太 28：19、20）。在基督教末期，基督已吩咐，要將救恩、復臨和將臨的審判等好消息傳給「住在地上的人，就是各國、各族、各方、各民」（啟 14：6）。儘管基督教已

將〈馬太福音〉第 28 章的使命大為廣傳，但教會卻忽略了〈啟示錄〉第 14 章使命的必要性。這後者的使命正是構成復臨教會存在的基礎。從成立之日起，教會就一直相信它有一個獨特的使命，可以在基督復臨（啟 14：14–20）之前，將〈啟示錄〉14：6–12 中所說的「三天使信息」傳遍天下。復臨教會傳講的信息是一項呼籲，為即將走入世界歷史末日的世人而發出，呼召人們對上帝的忠誠。而傳揚〈啟示錄〉第 14 章信息的命令確實將復臨教會推向地球的每一個角落。

在需要成為改革的推動者時，基督教教派（包括復臨教會）往往只停留在社會保守派的陣營內。《聖經》裡所描繪、有關耶穌的生活應被視為改革的模範，而不是保守主義者。祂是改革者中的改革者；祂也呼召人民成為祂使命的改革推動者。

基督化學校的保守功能很重要，因為它們在教導青年人預備成

為佈道工人的革命任務中發揮了作用。但需要強調的是，這並不表示所有學生都應該為了教會各種職位而受教。無論學生的職業目標是什麼，都要訓練每個人能在罪惡世界中成為上帝之愛的見證人。

因此，復臨學校可以被視為是基督教行動派和宣教工作的集結地。在理想情況下，它不僅提供教會傳福音的基本知識，而且還提供了大環境中實用、指導性的活動，以確保學生發展必要的技能向世人傳揚耶穌的信息，並在教會中履行各自的職責。愛德華‧薩瑟蘭德（Edward Sutherland）寫道，在上帝的計畫中，「基督教學校應該是改革者誕生和成長的溫床，改革者們將以切實的熱情，從學校中走出來，擔當這些改革的領導者角色。」[4]

　　總而言之，復臨學校的社會功能同時具備保守和改革兩種角色。這兩個角色的融合使成長中的學生既能在這世間行走，又能做到不與這世界唱和。本質上，復臨學校的功能是教育教會的青年為上帝和他們的鄰舍服務，而不是透過獲得一份「好工作」和可觀的收入來培訓他們為自己謀福。當然，這些結果可能是復臨教育的一個附帶結果，但並不是其目的之核心。

　　為他人服務是基督生命的本質，因此也是復臨教育的最終目的。為了符合《聖經》的教導，復臨教育要培養出能與其他人建立良好關係的基督徒。但是更重要的是，復臨學校要教育學生成為天國的公民。

問題與思考

❶ 討論教育的策略作用。教育的控制在哪些方面對於文明的變動至關重要？

_____

_____

_____

_____

❷ 復臨教育的保守功能是什麼？

_____

_____

_____

_____

❸ 復臨教育的改革角色是什麼？

_____

_____

_____

_____

_____

4 哪一個角色更重要——保守派還是改革派？為什麼？

_____

_____

_____

_____

_____

_____

_____

_____

_____

註釋

1. Chapman and Counts, Principles of Education, 601, 602.

2. See George S. Counts, The Soviet Challenge to America (New York: John Day, 1931), 66–67.

3. White, Education, 271.

4. E. A. Sutherland, Studies in Christian Education: Educational Experiences Before the Midnight Cry Compared with Educational Experiences Before the Loud Cry (Leominster, MA: Eusey Press, [1952]), 72.

這是個鼓舞人心、啟發心靈、
賦予靈性的提醒，
期喚醒人對教育真諦的追求。

EDUCATING
for ETERNITY

第 **8** 章 結語

「**教**育若不能提供能存續到永恆的知識，便是徒然無益。」[1]這直
率大膽的聲明並不是出自某個心胸狹窄的宗教偏執狂之口，
這句話與接下來的一段話都出自同一位作者：「沒錯，你應該感到
自己必須攀登教育階梯的最高峰。哲學和歷史是重要的研究。但是
如果你不將自己的成就用於榮耀上帝和人類，你所犧牲、付出的時
間和金錢就將毫無用處。除非科學知識是達到最高目標的墊腳石，
否則它就毫無價值。除非你將天國、未來和不朽的生命置於生命的
首位，否則你的成就沒有永久的價值。但是，如果耶穌，不僅是在
一週中的某一天，而是每一天、無時不刻都作你的老師，你在追求
學識時必得到祂的微笑稱許。」[2]對懷愛倫來說，教育的價值與視野
有關。當永恆的真實、目標、和價值被置於首要位置時，廣泛的教
育才具有巨大的價值。

　　這種觀點引導我們來到了有關復臨教育的終極問題，這也是家

長、學校董事、復臨教育專業人員以及整個教會都必須提出的問題：
「為什麼要支持復臨教會學校？」「在素質優良的公立教育垂手可
得時，為什麼復臨教會每年要花費數億美元來支持全球各地所設立
的學校？」「在這個世界和教會本身尚有許多其他緊迫的需求下，
復臨教會如何證明這些花費是合理的？」這些問題的答案顯然與復
臨教育的目的有關。如果復臨學校能夠實現復臨教育獨特且重要的
目標，那麼，這目標所能成就的就是值得的。

　　這個答案使我們回到一開始的問題：為什麼要設立基督教學校
（不是單指復臨信徒）？在整個主題研究過程中，我們注意到，基督教
教育是唯一可以滿足人們最深層需求的教育，因為只有基督教教育
工作者才了解人類問題的核心。基督教教育以救贖為目標的特質，
是使之成為基督教的理由。基督教教育的主要功能是引導年輕人與
耶穌基督建立一種重生、拯救的關係。只有在這樣的關係背景之下，

次要的教育功能如學術成就、品格發展、基督徒思維的形成以及對社會和世界的責任教育才得已成立。但很關重要的是我們要知道，在所有的次要目標中，只有一樣是無法在非基督教學校中實現的。因此，當基督教教育工作者把焦點放在所有教育領域內的目標時，他們就是在起步前落敗。所以，當基督教教育工作者忽略強調學校的救贖角色時，他們就使學校的重要性和必要性消失了！

但是復臨教會學校的區別性又在哪裡呢？如果所有基督教學校都理想地著重在教育的救贖功能，那麼復臨學校存在的理由又是什麼呢？這些問題的答案使我們看見，復臨教會以一個獨立的基督教派存在的根本原因。

我們往往認為基督復臨安息日會只是一個有些不同教義和非主流之飲食習慣的教派。但是，復臨信徒的身分從一開始就具有核心信念，那就是這個教會堅信她帶領的是一場預言運動，它要向全世界宣揚特別的信息——就是耶穌的門徒約翰在〈啟示錄〉中所闡明的。[3] 這樣的理解有充分的《聖經》依據。〈啟示錄〉12：17 強調了這個事實，即上帝最終將有一群遵守祂所有誡命的信徒，而他們對誡命的遵守終將引發末日大龍的勢力。「那條龍」，約翰寫道：「龍向婦人發怒，去與她其餘的兒女爭戰，這兒女就是那守上帝誡命、為耶穌作見證的」。〈啟示錄〉第 13、14 章揭露了這個主題；第 13 章論到末日大龍勢力的擴展，第 14 章呈現末日婦人（教會）的

信息，這些事都將在基督第二次降臨時達到頂峰。在這樣的背景下，〈啟示錄〉14：6–12 三位天使的信息強調了要向全世界傳揚永恆的福音；隨著世界的歷史進入尾聲、審判時刻就要來臨，在拜獸和獸像的衝突中呼籲對造物主上帝的敬拜，以及巴比倫傾倒的預言，這巴比倫以人類的話語代替了上帝的話語，使人類受到迷惑。第三位天使的信息在第 12 節中達到頂點：「聖徒的忍耐就在此；他們是守上帝誡命和耶穌真道的。」

復臨教會從一開始就注意到〈啟示錄〉第 12–14 章中所強調的、關於安息日的誡命。在世界的末了，〈啟示錄〉第 14 章告訴我們，每一個人都有他敬拜的對象：不是敬拜安息日的創造者——那創造天地海的主（啟 14：7；創 2：1–3；出 20：8–11）就是敬拜獸（啟 14：9）。復臨教會很快注意到，在三位天使發出信息後，基督馬上就要來收割大地：第一次的收割指的是義人的召集，第二次的收割指的是惡人的報應（14–20 節）。

一般的基督教會在其末世論的論述背景中，基本上是忽略這些信息的，但基督復臨安息日會卻在其中發現了它作為一個教會、其

獨特之使命和目的。正是這個目的，使基督復臨安息日會將耶穌即
將復臨的真理帶到了世界各地，直到它成為基督教歷史上廣傳的一
個新教團體。復臨信徒願意為實現這一目標而犧牲自己的生命和金
錢。在此過程中，他們發展了一個教會機構來率先推動，又建立教
育體系和文字出版部門來啟蒙並使其教友覺悟，也預備他們親自去
向全世界宣教，或是贊助其他人去實現教會獨特的使命。復臨教會
在派遣了第一位海外宣道士之時，於同年（1874 年）開設了第一所教
會資助的學校，這並非巧合。復臨教育的每一次重大復興，都是因
其末世使命的復興所推動使然，此事也絕非偶然。[4]

我們萬萬不可對這使命感到羞慚。這是復臨教會存在的唯一
正當理由。失去對末世使命的異象以及復臨教會在預言歷史上的定
位，才是這個教派並其教育體系所面臨的最大威脅。[5]

這個威脅引導我思考下一個重點。復臨教育事工若失去了對末
日預言的異象，就已經是失敗了──而且這個失敗將不僅是局部的，
而是全面、整體性的失敗。

請讓我舉例說明這個問題的嚴重性。不久前我接到一位高中校
長的電話，他因為我一場於 2006 年北美分會教育大會上分享、題為
「復臨教育與啟示觀」[6] 的演講大受鼓舞。所以，他決定雇用真正
理解復臨信仰的獨特性又對世界負有傳教使命的教師。帶著這個想

法，他去了當地的復臨大學並面試每一位教育系的準畢業生。他對
每個人的提問都是相同的：「復臨教育和基督教福音派的教育有何
不同？」沒有一個學生可以回答他。從某種角度看，他總結道，那
所大學未能成功地將復臨信仰的獨特性和使命傳遞給學生，雖然這
個機構的設立是為了培養專業的復臨教育人才。

　　這件事讓我覺悟到一個底線——「復臨教育只有在它真正活出
復臨信仰時，才是重要的。」一所已經看不見其存在理由的學校、
忘了自己信息和使命的學校，到最後將失去支持。坦白說，一所復
臨學校若既不是基督教、也不是復臨教會，就是一所多餘的教育機
構。因為其所有的功能和角色都可以由一般的基督教／福音派的學
校實現，而公立學校也能提供大部分的職能培訓。

　　謝恩‧安德森（Shane Anderson）牧師在他新近出版的《如何消滅
復臨教育》一書中對於上述問題的觀點是正確的，他指出「復臨信
徒的家長越來越不願意花錢送自己的孩子去那些已失去自己宗旨和
目標的教育機構。」「說實在的，」他寫道：「為什麼要花費數千
美元送你的孩子去一所在本質上已和一般的基督教學校，或是跟附
近本地沒什麼區別的公立學校受教呢？」[7]

　　這是何等深刻的見解！且讓我們現在再次回到研究教育哲學的
重要性、有關奈特法則的兩項推論上。簡而言之，奈特（Knight）定律

是「除非對自己的方向了然於心，否則你永遠不可能到達目的地。」
推論一：「一所無法實現其訂定目標的學校，最終將失去支持。」
推論二：「因為受了傷，我們才開始思考。」研究復臨教育哲學的
目的是，讓那些在復臨學校從事行政工作和教學之人，在受到傷害
前去思考，並採取前瞻性的模式去發展學校，使其將教育的作用發
揮至極限，與此同時，也成為具有自我意識的基督徒與復臨信徒。

問題
與思考

❶ 所有的基督教學校對教育有何本質上的貢獻？

_____

_____

_____

_____

❷ 復臨教育對基督教教育的獨特貢獻是什麼？

_____

_____

_____

_____

_____

❸ 復臨教育可能在哪些事上無法達成其既有的使命？

_____

_____

_____

_____

_____

第 8 章

4 回顧本書，請討論學習《聖經》／基督教／復臨教育哲學
如何幫助你塑造自己的理念與實踐方法？

_____

_____

_____

_____

_____

_____

_____

_____

註釋

1. White, Fundamentals of Christian Education, 192.

2. Ibid.

3. See George R. Knight, A Search for Identity: The Development of Seventh-day Adventist Beliefs (Hagerstown, MD: Review and Herald, 2000); George R. Knight, The Apocalyptic Vision and the Neutering of Adventism, rev. ed. (Hagerstown, MD: Review and Herald, 2009).

4. See George R. Knight, "The Dynamics of Educational Expansion: A Lesson from Adventist History," The Journal of Adventist Education 52, no. 4 (April/May 1990): 13-19, 44-45.

5. See Knight, Apocalyptic Vision, for an extended treatment of that threat.

6. George R. Knight, "Adventist Education and the Apocalyptic Vision," The Journal of Adventist Education 69, no. 4 (April/May 2007): 4-10; 69, no. 5 (Summer 2007): 4-9.

7. Anderson, How to Kill Adventist Education, 22, 56; cf. 30.

參考文獻

Anderson, Shane. How to Kill Adventist Education (and How to Give It a Fighting Chance!).
Hagerstown, MD: Review and Herald, 2009.
Blamires, Harry. The Christian Mind. London: S.P.C.K., 1963.
Bruce, F. F. The Epistle to the Ephesians. Westwood, NJ: Fleming H.Revel, 1961.
Chapman, J. Crosby, and George S. Counts. Principles of Education. Boston: Houghton Mifflin, 1924.
Clark, Gordon H. A Christian Philosophy of Education. Grand Rapids, MI: Eerdmans, 1946.
Coleman, James S., et al. Equality of Educational Opportunity. Washington, DC: U.S. Department of Health, Education, and Welfare, 1966.
Combs, Arthur W. Myths in Education: Beliefs That Hinder Progress and Their Alternatives.
Boston: Allyn and Bacon, 1979.
Counts, George S. The Soviet Chall enge to America. New York: John Day, 1931.
De Jong, A. S. "The Discipline of the Christian School." In Fundamentals in Christian Education, ed. Cornelius Jaarsma. Grand Rapids, MI: Eerdmans, 1953.
Dewey, John. Democracy and Education. New York: Free Press, 1966.
Ditmanson, Harold H., Harold V. Hong, and Warren A. Quanback, eds. Christian Faith and the Liberal Arts. Minneapolis: Augsburg, 1960.
Dudley, Roger L. Why Teenagers Reject Religion and What to Do About It. Washington, DC:
Review and Herald, 1978.
Eavey, C. B. "Aims and Objectives of Christian Education." In An Introduction to Evangelical Christian Education. J. Edward Hakes, ed. Chicago: Moody, 1964.
Edlin, Richard J. The Cause of Christian Education. Northport, AL: Vision Press, 1994.
Edwards, Jonathan. "Sinners in the Hands of an Angry God." In Jonathan Edwards, rev. ed. Ed. Clarence H. Faust and Thomas H. Johnson. New York: Hill and Wang, 1962.
Eldridge, Daryl. "Curriculum." In Evangelical Dictionary of Christian Education, ed. Michael J. Anthony. Grand Rapids, MI: Baker, 2001.
Eliot, T. S. "Religion and Literature." In The Christian Imagination: Essays in Literature

and

the Arts, ed. Leland Ryken. Grand Rapids, MI: Baker, 1981.

Fromm, Erich. The Art of Loving. New York: Harper and Brothers, 1956.

Gaebelein, Frank E. The Christian, the Arts, and Truth: Regaining the Vision of Greatness.

Portland, OR: Multnomah Press, 1985.

_____. The Pattern of God's Truth: Problems of Integration in Christian Education. Chicago:

Moody, 1968.

_____. "Toward a Philosophy of Christian Education." In An Introduction to Evangelical

Christian Education, ed. J. Edward Hakes. Chicago: Moody, 1964.

Garrick, Gene. "Developing Educational Objectives for the Christian School." In The

Philosophy of Christian School Education, 2nd ed., ed. Paul A. Kienel. Whittier, CA:

Association of Christian Schools International, 1978.

Geisler, Norman L. and William D. Watkins. Worlds Apart: A Handbook on World Views, 2nd

ed. Grand Rapids, MI: Baker, 1989.

Glasser, William. Schools without Failure. New York: Harper and Row, 1975.

70

Grabil, Virginia Lowel. "English Literature." In Christ and the Modern Mind, ed. Robert W.

Smith. Downers Grove, IL: InterVarsity, 1972.

Haynes, Carlyle B. Righteousness in Christ: A Preacher's Personal Experience. Takoma Park,

MD: General Conference Ministerial Association, [c. 1926].

Heie, Harold, and David L. Wolfe, eds. The Reality of Christian Learning: Strategies for Faith-Discipline Integration. Grand Rapids, MI: Eerdmans, 1987.

Henry, Carl F. H. Christian Personal Ethics. Grand Rapids, MI: Eerdmans, 1957.

Heschel, Abraham J. Who Is Man ? Stanford, CA: Stanford University Press, 1965.

Hobbes, Thomas. Leviathan, ed. Richard E. Flathman and David Johnston. New York: W. W.

Norton, 1997.

Holmes, Arthur F. All Truth Is God's Truth. Grand Rapids, MI: Eerdmans, 1977.

_____. The Idea of a Christian College, rev. ed. Grand Rapids, MI: Eerdmans, 1987.

_____. Shaping Character: Moral Education in the Christian College. Grand Rapids, MI: Eerdmans, 1991.

Hunter, James Davison. Culture Wars: The Struggle to Define America. New York: Basic Books, 1991.

Jahsmann, Allan Hart. What' s Lutheran in Education ? Explorations into Principles and

Practices. St. Louis: Concordia, 1960.

Knight, George R. A Search for Identity: The Development of Seventh-day Adventist Beliefs.

Hagerstown, MD: Review and Herald, 2000.

_____. "Adventist Education and the Apocalyptic Vision." The Journal of Adventist Education 69, no. 4 (April/May 2007): 4-10; 69, no. 5 (Summer 2007): 4-9.

_____. Myths in Adventism: An Interpretive Study of El en White, Education, and Related

Issues. Hagerstown, MD: Review and Herald, 1985, 2009.

_____. Philosophy and Education: An Introduction in Christian Perspective, 4th ed. Berrien

Springs, MI: Andrews University Press, 2006.

_____. The Apocalyptic Vision and the Neutering of Adventism, rev.ed. Hagerstown, MD:

Review and Herald, 2009.

_____. "The Dynamics of Educational Expansion: A Lesson from

Adventist History." The Journal of Adventist Education 52, no.4 (April/May 1990): 13-19, 44, 45.

LaRondelle, Hans K. Christ Our Salvation: What God Does for Us and in Us. Mountain View,

CA: Pacific Press, 1980.

Lewis, C. S. Mere Christianity. New York: Macmil an, 1960.

Luther, Martin. "Sermon on the Duty of Sending Children to School." In Luther on Education, by F. V. N. Painter. Philadelphia: Lutheran Publication Society, 1889.

Marquis, John A. Learning to Teach from the Master Teacher. Philadelphia: Westminster, 1916.

Morris, Desmond. The Naked Ape. New York: Del, 1967.

Morris, Van Cleve. Philosophy and the American School. Boston: Houghton Mifflin, 1961.

Nash, Paul. Models of Man: Explorations in the Western Educational Tradition. New York:

John Wiley and Sons, 1968.

Nash, Paul, Andreas M. Kazamias, and Henry J. Perkinson. The Educated Man: Studies in the

History of Educational Thought. New York: John Wiley and Sons, 1965. 71

Nash, Ronald H. The Closing of the American Heart: What's Really Wrong with America's

Schools. [Dal as]: Probe Books, 1990.

Naugle, David K. Worldview: The History of a Concept. Grand Rapids, MI: Eerdmans, 2002.

Newman, John Henry. The Idea of a University. Notre Dame, IN: University of Notre Dame

Press, 1982.

Oppewal, Donald. Biblical Knowledge and Teaching. Calvin College Monograph Series. Grand

Rapids, MI: Calvin College, 1985.

Pazmiño, Robert W. Foundational Issues in Christian Education: An Introduction in

Evangelical Perspective, 2nd ed. Grand Rapids, MI: Baker, 1997.

Poe, Harry Lee. Christianity in the Academy: Teaching at the Intersection of Faith and

Learning. Grand Rapids, MI: Baker, 2004.

Powell, John. The Secret of Staying in Love. Niles, IL: Argus Communications, 1974.

Price, J. M. Jesus the Teacher. Nashville: The Sunday School Board of the Southern Baptist

Convention, 1946.

Pullias, Earl V., and James D. Young. A Teacher Is Many Things, 2nd ed.

Bloomington, IN: Indiana University Press, 1977.

Ramm, Bernard, The Pattern of Religious Authority. Grand Rapids, MI: Eerdmans, 1959.

Rian, Edwin H. "The Need: A World View." In Toward a Christian Philosophy of Higher

Education, ed. John Paul von Grueningen. Philadelphia: Westminster, 1957.

Rogers, Carl R. Freedom to Learn. Columbus, OH: Charles E. Merrill, 1969.

Rookmaaker, H. R. Modern Art and the Death of a Culture, 2nd ed.

Downers Grove, IL: InterVarsity, 1973.

Roy, Jim. Soul Shapers: A Better Plan for Parents and Educators. Hagerstown: MD: Review and Herald, 2005.

Schaeffer, Francis A. He Is There and He Is Not Silent. Wheaton, IL: Tyndale House, 1972.

Schumacher, E. F. A Guide for the Perplexed. New York: Harper Colophon, 1978.

Sire, James W. How to Read Slowly: A Christian Guide to Reading with the Mind. Downers

Grove, IL: InterVarsity, 1978.

_____. The Universe Next Door: A Basic Worldview Catalog, 5th ed.

Downers Grove, IL: InterVarsity, 2009.

Skinner, B. F. Beyond Freedom and Dignity. New York: Bantam, 1971.

Snow, C. P. The Two Cultures: And a Second Look. New York: Cambridge University Press,

1964.

Spencer, Herbert. Education: Intellectual, Moral, and Physical. New York: D. Appleton, 1909.

"Statement of Seventh-day Adventist Educational Philosophy, A." In the Journal of Research on Christian Education 10, special edition (Summer 2001): 347-355.

Steele, Les L. On the Way: A Practical Theology of Christian Formation.

Grand Rapids, MI: Baker, 1990.

Steinbeck, John. East of Eden. New York: Bantam, 1955.

Stronks, Gloria Goris, and Doug Blomberg, eds. A Vision with a Task: Christian Schooling for

Responsive Discipleship. Grand Rapids, MI: Baker, 1993.

Sutherland, E. A. Studies in Christian Education: Educational Experiences

Before the Midnight Cry Compared with Educational Experiences Before the Loud Cry.

72 Leominster, MA: Eusey Press, [1952].

Trueblood, David Elton. A Place to Stand. New York: Harper and Row, 1969.

_____. General Philosophy. New York: Harper and Row, 1963.

_____. Philosophy of Religion. New York: Harper and Row, 1957.

_____. The Idea of a College. New York: Harper and Brothers, 1959.

_____. "The Marks of a Christian College." In Toward a Christian Philosophy of Higher

Education, ed. John Paul von Grueningen, Philadelphia: Westminster, 1957.

Van Brummelen, Harro. Walking With God in the Classroom. Burlington, Ontario: Welch Publishing, 1988.

Van Doren, Mark, Liberal Education. Boston: Beacon Press, 1959.

Van Dusen, Henry P. God in Education. New York: Charles Scribner's Sons, 1951.

Welch, Herbert. "The Ideals and Aims of the Christian College." In The Christian College, by

Herbert Welch, Henry Churchil King, and Thomas Nicholson. New York: Methodist Book Concern, 1916.

White, Ellen G. Christ's Object Lessons. Washington, DC: Review and Herald, 1941.

_____. Counsels to Parents, Teachers, and Students. Mountain View, CA: Pacific Press, 1943.

_____. Education. Mountain View, CA: Pacific Press, 1952.

_____. Fundamentals of Christian Education. Nashville, TN: Southern Publ. Assn., 1923.

_____. Steps to Christ. Mountain View, CA: Pacific Press, 1956.

_____. Testimonies for the Church. 9 vols. Mountain View, CA: Pacific Press, 1948.

Whitehead, Alfred North. The Aims of Education and Other Essays. New York: Free Press, 1967.

Wilhoit, Jim. Christian Education and the Search for Meaning, 2nd ed. Grand Rapids, MI: Baker, 1991.

Wolterstorff, Nicholas. Educating for Responsible Action. Grand Rapids, MI: Eerdmans, 1980.

Zimmerman, Jonathan. Whose America？ Culture Wars in the Public Schools. Cambridge, MA: Harvard University Press, 2002.

Zuck, Roy B. Teaching as Jesus Taught. Grand Rapids, MI: Baker, 1995.

_____. Teaching as Paul Taught. Grand Rapids, MI: Baker, 1998.__

國家圖書館出版品預行編目資料

培育世界等待的人才／喬治‧奈特著；方錦榮譯. --初版.
--臺北市：時兆出版社, 2021.11
　　面；　　公分 -- (基督教育哲學與實踐)
譯自：Educating for eternity : a Seventh-Day Adventist
philosophy of education
ISBN 978-626-95109-0-0 (平裝)

1.基督教教育 2.基督教哲學
247.71　　　　　　　　　　　　　　　110016277

EDUCATING
for ETERNITY
培育 世界等待的人才

作　　者　喬治‧奈特
譯　　者　方錦榮

董 事 長　金時英
發 行 人　周英弼
出 版 者　時兆出版社
客服專線　0800–777–798
電　　話　886–2–27726420
傳　　真　886–2–27401448
地　　址　台灣台北市105松山區八德路2段410巷5弄1號2樓
網　　址　http://www.stpa.org
電　　郵　service@stpa.org

責　　編　林思慧
文字校對　吳金財、吳惠蓮
封面設計　時兆設計中心　林俊良
美術編輯　時兆設計中心　林俊良
商業書店　總經銷　聯合發行股份有限公司 TEL：886–2–29178022
基督教書房　TEL：0800–777–798

網路商店　PChome商店街、Pubu電子書城　　培育世界等待的人才

I S B N　978-626-95109-0-0
定　　價　新台幣280元
出版日期　2021年12月　初版1刷
郵政劃撥　00129942
戶　　名　財團法人臺灣基督復臨安息日會